Thank You

NLLS (TRICK-KISTE): 33 Kügeli

ASSOZIATIV-Spiele und -Techniken
(derzeit 13 !)

1. ● ABC-Listen
2. ● KaWa
3. ● ABC-COUVERT
4. ● KaWa-COUVERT
5. ● ABC-Kreativ
6. ● STADT-LAND-FLUSS-Spiele
7. ● LULL'sche LEITERN
8. ●● VERGLEICHE
9. ● TRAIN-OF-THOUGHT
10. ● MADELAINE-Spiele
11. ● VERGLEICHs-Spiele
12. ● GEMISCHTE ABC.s
13. ● KNICK-Spiel

Weitere Techniken

14. ● BALL-IM-TOR-EFFEKT
15. ● DEFINITIONEN-DETEKTIV-Spiel
16. ● DEFINITIONS-VERGLEICHS-Spiel
17. ● EXPLORER-STIL
18. ●● FRAGE-RÄTSEL-Spiele
19. ●● FRAGEN formulieren
20. ● HIERARCHISIEREN
21. ● INFOS FESTHALTEN
22. ● IMITATION
23. ● KATEGORISIERUNGS-Spiele
24. ● KRYPTISIEREN
25. ● LÜCKEN-TEXTE
26. ● PASSIV HÖREN (LERNEN)
27. ● UNBEWUSSTES LERNEN
28. ●● WQS – Wissens-Quiz-Spiele
29. ● ZITATE-TECHNIK

53 Kügeli

Vera F. Birkenbihl

Trotzdem LERNEN

Bibliografische Information der Deutschen Bibliothek

Die Deutsche Bibliothek verzeichnet diese Publikation in der Deutschen Nationalbibliografie;
detaillierte bibliografische Daten sind im Internet über http://dnb.ddb.de abrufbar.

ISBN 3-89749-418-3

Alle Abbildungen: Vera F. Birkenbihl
Lektorat: Andreas Kobschätzky, Landsberg
Umschlaggestaltung: die imprimatur, Hainburg
Umschlagillustration: Vera F. Birkenbihl
Satz: JUNFERMANN Druck & Service, Paderborn
Druck: Salzland Druck, Staßfurt

© 2004 GABAL Verlag GmbH, Offenbach

Alle Rechte vorbehalten. Vervielfältigung, auch auszugsweise,
nur mit schriftlicher Genehmigung des Verlages.

Aktuelles und Nützliches für Beruf und Karriere finden Sie unter:
www.gabal-verlag.de – More success for you!

Die Autorin hält es mit der *Frankfurter Allgemeinen Zeitung* und setzt auf die alte Rechtschreibung.

Inhalt

Hier geht's los	9
Mini-Quiz	10
Die Idee hinter diesem Buch: 2 Checklisten ...	11
Die beiden Listen im Vergleich	15
Ausprobieren + feststellen, was passiert – wie ein/e ForscherIn ...	16

1 Modul 1 – NEURO-MECHANISMEN und Tricks 19

ASSOZIATIVes Denken + ASSOZIATIV-Spiele	19
Assoziativ-Spiel Nr. 1: ABC-Listen	21
Assoziativ-Spiel Nr. 2: WORT-Bilder (KaWa.s©)	23
Assoziativ-Spiel Nr 3: ABC-COUVERT	26
Assoziativ-Spiel Nr. 4: KaWa-COUVERT	27
Assoziativ-Spiel Nr. 5: ABC-Kreativ	27
Assoziativ-Spiel Nr. 6: STADT-LAND-FLUSS-Spiele	29
Assoziativ-Spiel Nr. 7: LULL'sche LEITERN	29
Assoziativ-Spiel Nr. 8: VERGLEICHE	32
Assoziativ-Spiel Nr. 9: TRAIN-OF-THOUGHT (innerer Monolog)	33
Assoziativ-Spiel Nr. 10: MADELAINE-Spiele	34
Assoziativ-Spiel Nr. 11: VERGLEICHS-Spiele	36
Assoziativ-Spiel Nr. 12: GEMISCHTE ABC-Spiele	36
Assoziativ-Spiel Nr. 13: Das KNICK-Spiel	37
Auswendig lernen?	39
1. Je mehr Daten, Fakten, Infos, desto ...	39
2. Kapieren oder nicht kapieren – das ist hier die Frage!	42
Ball-im-Tor-Effekt (Betreff: sofortiges Feedback)	45
Ball-im-PC-Tor?	47
Beiläufiges Lernen	49
Definitionen-Detektiv-Spiel	52

Definitionen vergleichen (Technik) 53
    Ver-FREMD-en von Definitionen 53
    Definitions-Vergleichs-Spiel (vgl. *Genial daneben*) 54
Ent-DECK-en 56
FRAGEN als Lernhilfe? Aber klar! 57
    Frage-Spiele, Stufe 1: KATEGORIEN-DENKEN 57
    Frage-Spiele, Stufe 2: Ja-/Nein-Rätsel-Spiele 58
    Frage-Spiele, Stufe 3: WQS 58
Grammatik spielen? Aber ja doch! 59
    Variante für eine/n SpielerIn 61
IMITATION als Neuro-Mechanismus 62
    IMITATIONS-Spiele (inkl. VARIATION, Persiflage, Karikatur) 65
Intelligentes Lücken-Management 71
    Intelligenz ist lernbar 71
KRYPTOGRAMME: Ver-FREMD-en von Vertrautem 73
    Kryptisieren: HISTORISCH 73
LANGEWEILE? 75
LESE-Probleme? 76
Lückentext-Spiele 77
    Welche Texte? 77
    Welche Wörter werden entfernt? 78
    Einsteiger: Komplette Texte, denen jeweils eine Wort-Art fehlt 78
    Lücken-Texte für fortgeschrittene SpielerInnen 80
Meisterschaft anstreben/erreichen? 83
    SELBST-VERSUCH: Ihr Papagei 84
PASSIVES LERNEN 85
    Welche Materialien können wir passiv lernen? 88
Stadt-Land-Fluß-Spiele +++ 92
    Stadt-Land-Fluß-Spiele: Warum sie so wichtig sind 94

(Ein) THEMA „durchdenken"	96
TRAINING: Körperliches Lernen	99
UNBEWUSST lernen?	101
VERGLEICHS-Spiele	101
VERGLEICHS-Spiel: Kategorien-Denken	102
Variationen	104
WISSENs-Spiele (allgemein)	106
WQS (spezifisch): Spiele, die Wissen produzieren	108
1. Quiz-Runde: Nur Fragen	109
2. Quiz-Runde: Antworten	110
An-REICH-erung der Kurz-Anworten	111
3. Quiz-Runde: wie 1. Quiz-Runde	113
Wandzeitungs-Beitrag zum WISSENs-Quiz-SPIEL (WQS)	114
ZITATE-VERGLEICHS-SPIEL	116
Variation1: EIN Thema	116
Variation 2: EIN Autor	118
Variation 3: Zitate + Lücken-Text (Teekessel Variante)	119

2 Modul 2 – Kügeli verteilen

Modul 2 – Kügeli verteilen	121
Das Verteilen der Kügeli – erste Fallbeispiele	124
Fallbeispiel 1: ABC-Listen anlegen (und VERGLEICHEN)	124
Fallbeispiel 2: LÜCKEN-TEXT ...	125
Fallbeispiel 3: Tolle Lehrerin – erlaubt Ent-DECK-en ... 9 Kügeli	126
Fallbeispiel 4: Aus dem Studium – Professor 1 Kügeli, Helferin dafür 9!	127
Fallbeispiel 5: Weiterbildung (private Bildungseinrichtung): 10 Kügeli	128
vfb-Kommentar zu den Fallbeispielen 3, 4 und 5	129
Fallbeispiel 6: Beethoven-Kügeli	133
Fallbeispiel 7: CHEMIE (Salzsäure)	134
Fallbeispiel 8: CHEMIE (Phenole)	136

Merkblatt 1: Anlegen von Wissens-ABC & KaWa.s© 139
    Experiment – Vorbereitungen 139
    Experiment 1: Das ABC-Spiel 139
        Wissens-ABC Irak-Krieg 140
        Fallbeispiel: Konfliktforschung-ABC 141
    Experiment 2: Das KaWa-Namens-Spiel 142
    ABC-Listen und WORT-Bilder (= KaWa.s) 143
        Was bedeutet KaWa (& KaGa) eigentlich? 144

Merkblatt 2: LULL'sche Leitern 146
    Fallbeispiel: HERRSCHER und BIOLOGIE 146

Merkblatt 3: Fibonacci-Zahlenreihe 149

Merkblatt 4: 50 Sprichwörter 153

Literaturverzeichnis 156
Stichwortverzeichnis 158

Hier geht's los

Liebe Leserin, lieber Leser,

kennen Sie die Geschichte (die ein amerikanischer Konrektor in Cincinnati in den 1940er Jahren erfand)? Ich gebe sie leicht gekürzt wieder:

Die Tierschule (von George Reavis):

Einst beschlossen die Tiere ... eine Schule zu organisieren. Lehrplan Laufen, Klettern und Fliegen. ... Die **Ente** war ausgezeichnet im Schwimmen ... aber sie konnte beim Fliegen nur gerade eben bestehen und war sehr schlecht im Laufen. Daher ... mußte sie **Nachhilfestunden** nehmen und **Schwimmen** ausfallen lassen, um Laufen zu üben ... bis ihre Schwimmfüße arg mitgenommen waren und sie im Schwimmen nur noch durchschnittlich war. **Aber Durchschnitt war akzeptabel in der Schule.** Darüber machte sich niemand Sorgen, außer der Ente.

Das **Kaninchen** begann als Klassenbester im Laufen, hatte aber einen Nervenzusammenbruch wegen der vielen Arbeit, um im Schwimmen aufzuholen.

Das **Eichhörnchen** war ausgezeichnet im Klettern, bis es in der Flugklasse frustriert wurde ... Es bekam einen Muskelkater von der **Überanstrengung** und erhielt nur eine 4 im Klettern und eine 5 im Laufen.

Der **Adler** war ein Problemkind und wurde streng bestraft ...

Die **Präriehunde** ... ließen ihre Kinder bei einem Dachs ausbilden und vereinigten sich (mit anderen)..., **um eine erfolgreiche Privatschule zu gründen.**

Hat diese Geschichte eine Moral?

Seit Jahren geistert die Story durch Seminarräume und Klassenzimmer, ohne daß sich jemand die Mühe gemacht hätte, herauszufinden, wer der Autor ist. Dabei ist das mit Hilfe des Internets kein Problem. Ich danke Dr. Jane Bluestein für diese Auskunft auf ihrer Website http://www.jane-bluestein.com/handouts/animal.html

Tja, die Frage nach der Moral haben sich bisher immer noch zu wenige Verantwortliche gestellt, sonst wäre Lernen nicht immer noch so „schwierig", „schlimm", „frustrierend" etc. Ehe wir die Idee hinter der Story weiterführen, noch kurz ein Mini-Quiz:

Mini-Quiz

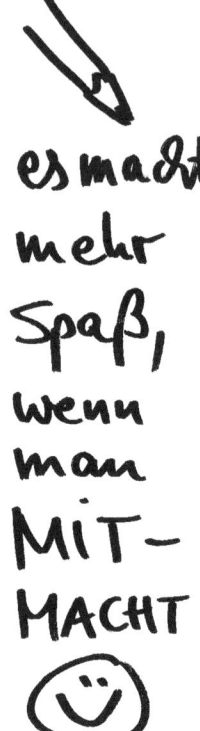

- Welches ist das größte Einkaufs-Zentrum, in dem Sie sich auskennen:
  Name: _____ Stadt: _____
- Welches (Karten-)SPIEL können Sie gut spielen?
  _____
- Welche der folgenden vier Aussagen trifft auf Sie zu?
  1. Ich darf/soll/muß regelmäßig oder häufig lernen und würde mir den Lernprozeß gerne er-LEICHT-ern.
     ❏ Ja ❏ Nein
  2. Ich möchte lieben Menschen (Familie, Freunde, Kollegen), die von Frage Nr. 1 betroffen sind, helfen, effizienter und LEICHT-er zu lernen.
     ❏ Ja ❏ Nein
  3. Ich bin selber lehrend tätig und möchte deshalb mehr über das Lernen wissen.
     ❏ Ja ❏ Nein
  4. Ich bilde Menschen aus, die lehren, deshalb interessiert mich dieses Buch.
     ❏ Ja ❏ Nein

Wenn Sie **mindestens einmal eindeutig JA sagen**, dann sind Sie hier richtig. Es gilt, Lernprozesse dramatisch zu er-LEICHT-ern. Damit meinen wir keine Gedächtnis-Tricks, mit denen man nie Begriffenes (Unverstandenes, Unverdautes) krampfhaft „einspeichern" möchte, sondern wir meinen die Moral von der Story (oben):

Ich habe in über 3 Jahrzehnten immer mehr darüber herausgefunden, warum das Schul-Lernen NICHT funktionieren kann und NEUE WEGE entwickelt, wie es geht.

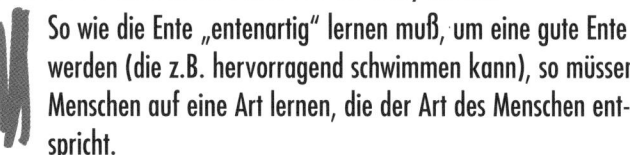

So wie die Ente „entenartig" lernen muß, um eine gute Ente zu werden (die z.B. hervorragend schwimmen kann), so müssen Menschen auf eine Art lernen, die der Art des Menschen entspricht.

Und diese Art hängt ab von der Art, wie unser Gehirn arbeitet – deshalb spreche ich von **gehirn-gerechtem** Vorgehen.

Gelingt es uns, gehirn-gerecht zu lernen, dann wird es für uns genauso leicht, wie Schwimmen für die Ente und Klettern für das Eichhörnchen. Andernfalls ist es „schwer".

Wenn es aber „schwer" wird (weil man der Arbeitsweise unseres Gehirns entgegenwirkt!), geschehen einige Dinge:
- wir FÜHLEN uns SCHLECHT
- wir kommen uns DOOF vor
- wir beginnen zu GLAUBEN, wir seien unfähig (na ja, so unfähig wie die Ente zum Klettern halt!)
- wir LANGWEILIGEN uns
- wir verlieren die LUST, die alle Kinder auf Lernen haben, weil Lernen überlebenswert hat (und alles mit Überlebenswert auch LUST-voll ist)
- wir GEBEN AUF, das heißt wir beginnen uns schon schlecht zu fühlen, wenn wir nur beginnen sollen (s. oben) ...

Ergebnis: Wir werden unfähig, uns für die komplexe Arbeitswelt zu qualifizieren.

Wollen Sie diesen Teufelskreis als Lernender durchbrechen? Wollen Sie anderen Menschen helfen, ihn zu durchbrechen? Dann wurde dieses Buch für Sie geschrieben!

Die Idee hinter diesem Buch: 2 Checklisten ...

Diesem Buch liegt ein einfaches Konzept zugrunde. Stellen Sie sich zwei CHECKLISTEN vor, die **nebeneinander** liegen. Die **linke** enthält die BEDÜRFNISSE des Gehirns (damit es optimal denken und lernen kann). Die **rechte** enthält An-REICH-erungen, falls wir links zuwenig finden (dazu gleich mehr).

Nun gilt es, einen Lernprozeß daraufhin „abzuklopfen", ob er LEICHT GENUG ist, um der Arbeitsweise unseres Gehirns zu entsprechen. Dabei muß man nur noch wissen, wie wir die beiden Checklisten einsetzen:

1. Wir vergeben keine „Kreuzchen" (beim An-Kreuzen), sondern **Kügelchen**. Das ist leichter vorstellbar, denn es geht um die **Menge**, die wir erreichen. Außerdem geht es darum, daß Lehrpersonen oft

Kügelchen oder: (wie wir seit einem großen Seminar in der Schweiz sagen) **Kügeli**

hoffen, die Lernenden würden genügend Kügeli mitbringen (und das ist mit „Kreuzchen" schwer vorstellbar), statt ihren Unterricht so aufzubauen, daß sie den Lernenden die Kügeli **anbieten** – was eigentlich ihre Aufgabe wäre. Da sie aber anders ausgebildet wurden ... Na ja, darum gibt es ja das „Zwillingsbuch" für Lehrkräfte, Ausbilder, Lehrbeauftrage etc. mit dem parallelen Titel: *Trotzdem LEHREN*.

2. **Unter 4 Kügeli** (Kügelchen) ist Lernen **unmöglich**. Das ist so, als müßte die Ente KLETTERN – dies widerspricht einfach ihrem Naturell.
Ab 4 Kügeli wird Lernen möglich, ist aber noch schwer (die Ente soll LAUFEN),
bei 5 Kügeli wird es **etwas leichter** (die Ente darf watscheln)
ab 6 Kügeli wird es **„spielerisch"** (die Ente darf ins Wasser) und
ab 7 Kügeli wird Lernen zum SPIEL, und damit meinen wir:

Alles, was über 7 Kügeli hinausgeht, ist Sahne auf dem Kuchen.

Ab 7 Punkten:

Lernen passiert einfach immer

(bei)

Spannung!

 Ich danke einigen Autoren, besonders Steve KRASHEN und Frank SMITH (s. Literaturverzeichnis, ab Seite 156) für **die** Erkenntnis des INCIDENTALen Lernens.

Die wichtigste Erkenntnis ist diese:

In der Natur sind Lernprozesse „unsichtbar", weil Lernen NORMALERWEISE **nicht** bewußt, sondern unbewußt abläuft.

Das leuchtet vielen Menschen im ersten Ansatz überhaupt nicht ein, aber im zweiten sofort: Denken Sie zurück an die kleine Aufgabe (s. Seite 10), an den großen Laden oder das Einkaufs-Zentrum, in dem Sie sich auskennen. Können Sie schätzen, wieviele Fakten Sie dort GELERNT haben? Zum Beispiel: Wo es sich befindet, wie man dort hinkommt (Straßenbahn, Bus, Strecke mit dem Fahrrad etc.). Wo man das Auto oder Fahrrad am besten abstellt, will man nachher mit Lebensmitteln oder mit einer Lampe herauskommen. Wo man die besten Angebote (Ihrer Lieblingsdinge) findet, wo einzelne Läden die Ware ausstellen. Welches der Cafés oder Restaurants Sie mögen und und und ... Das alles haben Sie GELERNT, wiewohl Sie, genaugenommen, gar nichts davon bewußt gelernt haben!

beim SHOPPING lernen? Klar!! ☺

Sie sind keinesfalls durchgelaufen und haben gesagt: Aha, hier ist (dieses Produkt), das muß ich mir aber jetzt gut merken. Am besten schreibe ich es mir auf. Vielleicht wäre eine Prüfung nächste Woche hilfreich? Welche Note werde ich wohl erringen? Vielleicht sollte ich mir eine Eselsbrücke bauen?

> Sie sind natürlich nur durch das Shopping-Zentrum gelaufen, haben geschaut, Entscheidungen getroffen, gekauft oder nicht gekauft etc. Dabei haben Sie **gelernt**, und zwar BEILÄUFIG (= unbewußt).

Dasselbe passiert, wenn Sie ein **neues Spiel** spielen, eine neue **Software** am Computer ausprobieren, ein neues **Handy** in Betrieb nehmen etc. Nehmen wir an, wir sehen einen **Film** (Kino, TV, DVD), z.B. **Andromeda Strain**, dann lernen wir beiläufig eine Menge über die Art von Sicherheitsvorkehrungen im Falle einer großen Seuche oder daß Amerika Notfall-Teams hat, die es im Zweifelsfall innerhalb von Stunden zusammenziehen kann oder daß ROTLICHT mit einer bestimmten Frequenz bei Epileptikern eine Art Trance oder sogar einen Anfall auslösen kann. Im Film AIRPORT lernen wir ganz andere Dinge, z.B. was hinter den Kulissen eines Flughafens geschieht (vereiste Rollbahnen im Winter, Anwohner-Proteste wegen Lärmbelästigung etc.). Wer noch nie geflogen ist und weit weg von einem Flughafen wohnt,

Dieses **beiläufige** Lernen nennt man INCIDENTAL (vom Englischen: Ereignis, Unfall, Zufall). Also kann man sagen: Es ist **Zufall**, wenn Sie lernen, während Sie etwas (ganz anderes) tun, z.B. einkaufen. Dieses Lern-Ergebnis ist Ihnen also zugefallen (Zu-Fall).

hat nach dem Film eine Menge über diese Dinge GELERNT. Dasselbe gilt natürlich für das Lesen von Geschichten oder Romanen (sowohl ANDROMEDA als auch AIRPORT waren ja Buch-Bestseller, ehe sie verfilmt wurden).

> Wir lernen **ununterbrochen**, nur merken wir es nicht. Wir empfinden es nicht als „Lernen" (wie in der Schule), weil wir genaugenommen „nur" HANDELN (z.B. einkaufen, lesen, einen Film sehen), LEBEN, Dinge erledigen, SPIELEN, SPASS HABEN etc.

Daß wir dabei, ganz nebenbei, ununterbrochen lernen, bleibt fast immer unbewußt. Ein letztes Beispiel: Sie haben vorhin ein (Karten-) **Spiel** aufgeschrieben, **das Sie gut spielen können**. Wann haben Sie das gelernt?

Am ersten Tag mußten Sie etwas bewußt zur Kenntnis nehmen, nämlich die Spielregeln; das nennt man INTENTIONALES Lernen (also Lernen, mit dem Ziel, dies zu lernen). Nach 10 Minuten (oder 1 Stunde) hatten Sie die wahrscheinlich drauf. Als Sie dieses Spiel zum vierten Mal spielten, dachten Sie wahrscheinlich schon gar nicht mehr an die Regeln, oder? Jetzt dachten Sie an das **Ziel des Spiels** (Punkte machen, die richtigen Karten sammeln ...).

Seit diesen Zeitpunkt haben Sie (INCIDENTAL, also beiläufig) unendlich viel gelernt, und zwar
1. **über die Spiel-Strategie** (strategische Kniffe, um BESSER spielen zu können)
2. **über ihre Mitmenschen:** Neigt jemand vielleicht zum Schummeln? Wer regt sich furchtbar auf, wenn er/sie verliert? Wem ist Spielen wirklich wichtiger als das Ergebnis am Ende? Wer „arbeitet" total konzentriert und läßt sich von nichts ablenken? Wer regt sich auf, wenn man ein wenig „quatschen! möchte? (Spielen wir jetzt oder reden wir?!)
3. **über sich selbst:** Wie gut können Sie es „verkraften"; wenn Sie mehrmals hintereinander verlieren? Was ist für Sie wichtiger: eine schöne Zeit oder das Ergebnis? Wie genau beobachten Sie Ihre Mit-

menschen (oder konzentrieren Sie sich ausschließlich auf das Spielbrett, die Karten etc.? (Dann könnten Sie auch mit einem PC spielen, oder?) Reicht es Ihnen, beim Spielen selbst ständig hinzuzulernen (um besser zu werden) oder lesen Sie auch Bücher zum Thema, interviewen andere Spieler etc.?

Sie sehen:

> Wir können nicht einmal ein Spiel spielen, ohne ständig hinzuzulernen.

Und so geht es bei allem, was wir tun! Deshalb ist der Lern-Erfolg umso **LEICHT-er**, je klarer wir eine **Aufgabe lösen**, einige **Fragen beantworten**, **Fragen formulieren**, über etwas **nachdenken** oder ein **SPIEL** spielen.

Deshalb kämpfe ich seit Jahrzehnten für SPIEL-erisches Lernen! Endlich beginnt man zu begreifen, daß das nichts Schlechtes sein muß.

Die beiden Listen im Vergleich

Die linke sagt uns, was das Gehirn be-NÖT-igt (um keine Not zu leiden), die rechte hingegen stellt **Techniken** vor, die das Lernen BEILÄUFIG (INCIDENTAL) machen. Diese habe ich in nunmehr über 33 Jahren entwickelt (und die Entwicklung geht weiter). Dieses Buch enthält **nicht alle Techniken, aber viele**, auf alle Fälle genügend, um einzusteigen. Denn die Idee, daß man den Lernprozeß vollkommen anders gestalten kann, unterliegt einem eigenartigen Paradox: Die jüngeren Kinder verstehen meine Ansätze am schnellsten, weil sie noch „nah dran" sind. Aber sie können einige noch nicht anwenden, weil sie noch zu wenig von der Welt wissen (was wußten Sie mit 5, 7 oder 9 Jahren)? Ab ca. 9 Jahren können die meisten dieser Techniken eingesetzt werden, ab ca. 12–13 Jahren alle. (9 Jahre ist eine grobe Schätzung für den Durchschnitt, im Einzelfall gibt es immer Ausnahmen). Auf der anderen Seite gilt:

> Je älter die Kinder, desto schwerer tun Sie sich im **ersten** Ansatz, umzudenken, weil ihnen die alten (miesen) Lernmethoden einfach VERTRAUT sind.

Das ist schlimm. Aber bedenken wir bitte: Auf der einen Seite fordern wir von Lehrkräften, die Erkenntnisse moderner Gehirn-Forschung zur Kenntnis zu nehmen, auf der anderen Seite weigern sich 17-jährige genau so, wenn man ihnen eine neue Technik zum ersten Mal anbietet. Tja ... Deshalb schlage ich vor:

Entweder Sie jammern in Ihrem ganzen Leben nie mehr über die Schule, Kurse, Seminare etc. oder Sie geben den hier vorgestellten Techniken eine faire Chance!

Ausprobieren + feststellen, was passiert – wie ein/e ForscherIn ...

Genaugenommen **geben Sie sich selbst eine Chance**, wenn Sie das tun! Wie ich meinen Seminar-TeilnehmerInnen immer sage: Ich kann die Techniken schon, für mich habe ich das Buch **nicht** geschrieben, sondern für die Menschen, für die es noch neu ist! Wenn Sie mit Forschergeist an die Sache herangehen und sich in dem langen (alphabetisch sortierten) Modul (s. Rand) umsehen und diese Ansätze testen, dann werden Sie bald einige herausfinden, die für Sie besonders geeignet sind.

Übrigens heißen unsere **Kapitel „Module"**, weil man die Reihenfolge der Kapitel, wie auch der einzelnen Abschnitte im ABC-Kapitel frei wählen, also **modular lesen** kann.

Und das ist wichtig: Jede/r muß die Methode, Strategien etc. anwenden, die **für ihn/sie gut funktionieren**. Nicht alle sind für alle gleich gut, es ist ein Angebot. Wie Sie aus der Liste im Buchdeckel sehen können, liegt die Gesamt-Punktzahl (Anzahl der Kügeli), die errungen werden kann, wenn bei einem spezifischen Lernvorgang **alle** Bedürfnisse des Gehirns (links) und alle Nicht-Lern Lern-Strategien/ Techniken (rechts) aktiviert werden **würden**, bei 54 Kügeli. Aber das wäre Unsinn. Sie wollen 7 Kügeli erreichen, einige mehr ist Sahne auf dem Kuchen. Ein einzelner Lern-Vorgang kann und soll nie alles beinhalten und jeder Mensch wird manche Strategien als „besser" empfinden als andere (weil sie ihm/ihr irgendwie mehr entgegenkommen). Merke:

So unterschiedlich wie unsere Gesichter sind auch unsere Gehirne! Es ist fatal anzunehmen, es könnte einen einzigen Lernweg für alle Lernenden geben!

Genau das aber nimmt die Schule an. Sie schreibt EINEN Lernweg vor, den alle zur gleichen Zeit und im gleichen Tempo absolvieren sollen. Gelingt dies **nicht**, wird einem die „Schuld" zugeschoben (denn an schlechten Noten sind ja immer die SchülerInnen schuld, nie die LehrerInnen, gell?). Das Schlimme ist: Die Lernenden sind so daran **gewöhnt**, die Schuld auf sich zu nehmen, daß auch hier UMDENKEN angesagt ist:

> Nehmen Sie in Zukunft nicht die Schuld, wohl aber die Verantwortung für Ihren Lernprozess auf sich. ← *ja!*

Mit Verantwortung meine ich, daß Sie lernen, mit den vielen methodischen Ansätzen in diesem Buch zu SPIELEN, bis Sie **einige** gefunden haben, mit denen Sie gut klarkommen. Diese bauen Sie dann zu Ihren persönlichen Lernstraßen aus. Sollten Sie aber trotzdem Probleme haben, weil das Lern-Material niemals begriffen wurde, so ist der Sender dafür verantwortlich (Lehrkräfte, Schulbücher, das System). **Bitte Sie um Hilfe.** Man kann zwar lernen, sich weitgehend selber zu unterweisen (das zeigen Ihnen die Methoden in diesem Buch), aber wenn man an einem Punkt der Verzweiflung steht, weil man vielleicht seit Jahren in Chemie den Stoff nie richtig begriffen und nur stur Formeln gepaukt hat, dann kann es sein, daß man **zwischenzeitlich** Hilfe von außen benötigt.

Vielleicht wissen ja andere SchülerInnen oder Lehrkräfte, ob es Dialer-freie Sites für Lernwillige gibt. Diese Info wechselt ständig, hier muß man immer wieder neu und up-to-date recherchieren.

Es gibt übrigens eine Menge hilfreicher Sites im Internet – achten Sie jedoch darauf, auch Kleingedrucktes zu lesen, ehe Sie irgendwohin klicken, damit Sie sich keinen „Dialer" einfangen (was Sie viel Geld kosten kann). *internet*

Noch ein Beispiel: Beim **Sprachenlernen** gilt Vokabel-Pauken plus Grammatik plus schriftliche Übungen als beste Methode, um SPRECHEN zu lernen. Die Birkenbihl-Methode© zeigt einen **ganz anderen Weg**, bei dem Vokabel-Lernen verboten ist.

In diesem Buch stelle ich die Doppel-Checkliste vor: **Erstens** finden Sie die **Kurz-Übersicht vorne im Buch** (jederzeit griffbereit). **Zweitens** informiert ein **eigenes** Modul über das Verteilen von Kü-

Eine Kurzbeschreibung finden Sie bei **www.birkenbihl.de** in der TEXT-Schublade (auf der Homepage, links).

Da es hierüber ein eigenes Buch (plus ein Hörspiel) gibt sowie gerade eine DVD in Vorbereitung ist (live Vortrag plus Bonus-Material) kann ich die Methode in diesem Buch nicht (wieder) erklären (s. Kasten im Literaturverzeichnis, Seite 156.

geli anhand von praktischen Fallbeispielen, das ist der schnellste Weg. Wer zuerst das mit den Kügelchen genauer wissen will, springt jetzt zum Modul *Kügeli verteilen* (ab Seite 121), wer sich mehr für die Techniken interessiert, liest „normal" weiter.

Wenn Sie einmal nicht sicher sind, ob etwas ein Bedürfnis des Gehirns (linke Liste) ist oder eine Nicht-Lern Lern-Strategie (neudeutsch: Non-Learning Learning Strategy), dann macht das nichts. Fragen Sie einfach: Wird „es" aktiviert? Und: Wieviele Kügeli gibt es dafür? Wenn ja, gibt es die Anzahl Kügeli, wenn nicht, gibt es keine. Die Unterscheidung zwischen links und rechts ist nicht notwendig, um das System erfolgreich **anzuwenden**. Das ist so ähnlich wie beim Auto: Sie müssen nicht wissen, zu welchem logischen System das Zündschloß gehört, um den Schlüssel dort hineinzustecken und zu starten ...

Übrigens, bitte ich alle jungen Leser und Leserinnen ...
... um Nachsicht, daß ich Euch nicht mit „Du" anspreche, aber ich komme noch aus einer Generation, in der wir Menschen (ab ca. 15 Jahren) „höflich" **Sie**-zen. Da dieses Buch auch von Erwachsenen gelesen wird (Muttis, Omis, etc.) möchte ich diese Menschen nicht einfach Duzen. Aber:

> Ich weiß (aus den Seminaren), daß junge Leute mit den Ideen (dieses Buches) ihr Lernverhalten „durchleuchten" und ändern können.

Auch könnte man das Buch gut in einer Gruppe **gemeinsam** lesen, diskutieren und vor allem: AUSPROBIEREN. Dann wird ein regelrechtes Buch-Seminar daraus.

Viel Freude wünsche ich Ihnen und Euch.

Vera F. Birkenbihl   www.birkenbihl.de

Modul 1 – NEUROMECHANISMEN und Tricks

ASSOZIATIVes Denken + ASSOZIATIV-Spiele

Wenn ich Ihnen einen Begriff zurufe und Sie frage: „Was fällt Ihnen dazu ein?", dann ist das, was Ihnen einfällt, eine Assoziation. Wenn jemand beispielsweise ein Kreuzworträtsel löst, dann denkt er auch assoziativ. Die Fähigkeit, assoziativ zu denken, ist dermaßen grundlegend, daß wir dafür 2 Kügeli erhalten, während die meisten anderen Aspekte nur 1 Kügeli „bringen". Trotzdem findet assoziatives Denken im Schulbetrieb (im alten Sinn) so gut wie nicht statt – zumindest ist es nicht erwünscht. Ich muß zugeben, daß auch Lehrkräfte, AusbilderInnen und TrainerInnen in der Erwachsenenbildung bis vor kurzem nichts davon wußten. Jede/r meinte, nur die Gedanken des Lehrenden seien wichtig, nicht die Assoziationen der Lernenden! In dem Maß, in dem wir (durch die Gehirnforschung) begreifen, wie wichtig die Assoziationen tatsächlich sind, wird immer unverständlicher, wie die Schulen (und andere Bildungs-Einrichtungen) die Fähigkeit, assoziativ zu denken, so komplett **verlieren** konnten.

Die Vorläufer unserer Schulen (klassische Akademien) waren regelrechte Diskussions-Foren (z.B. im alten Griechenland). Erst im Mittelalter kamen sogenannte Lateinschulen auf, in denen das sture, stupide Pauken an der Tagesordnung war, und heute hat sich dieser schädliche Pseudo-Lern-Stil (!) in den meisten Schulen zum Standard entwickelt. Bedenken Sie, daß heute über zwei Drittel der SchülerInnen in diesem System leiden und daß die Gruppe der OPFER eigentlich noch größer ist, wenn man all jene mit einbezieht, die dem normalen Unterricht nur unter Einnahme von Medikamenten (jahrelang!) beiwohnen können, sofern man sie nicht in SONDER-Schulen ausge-SONDERT hat. Dann bedenke man, daß es in ganz Finnland und Schweden keine einzige Sonderschule mehr gibt.

Wenn Sie in den Abschnitt „Training" hineinsehen, dann wissen Sie, warum kurze Übungszeiten so wertvoll sind, wenn wir neues Verhalten lernen (Seite 99ff.) – auch neue Denk- und Lern-Variationen sind neues Verhalten!

Wenn wir glücklich und erfolgreich lernen wollen, müssen wir die (noch) normalen Wege verlassen. Es ist enorm wichtig, uns geistig fit zu halten, und die 13 hier vorgestellten Techniken tun dies auf einfachste Weise. Diese Möglichkeiten **bringen uns bei wenig Aufwand enorm viel**, insbesondere wenn wir bedenken: Alle beschriebenen Spiel-Arten eignen sich für KURZE Spielzeiten; alle Techniken können also minutenweise geübt werden.

Die 13 in diesem Abschnitt vorgestellten strategischen SPIELE helfen uns auf mehrfache Weise.

- Sie helfen uns, assoziativ zu denken. Zwar ist diese Art zu denken unser Geburtsrecht, aber Regelschulen und klassische Ausbildung haben das assoziative Denken seit Generationen weder zugelassen noch gefördert. Deshalb müssen viele Opfer des Systems erst wieder lernen, assoziativ zu denken. Die 13 hier vorgestellten SPIELE machen es extrem leicht, wir brauchen nur zu spielen.

- <u>Assoziativ denken</u> heißt: **aktiv** wahrnehmen. Je mehr man den passiven „Konsum" von Infos gewöhnt ist, desto weniger kann man **begreifen** und **merken**. Dann denkt man, man sei „dumm" oder „unbegabt", während es nur am „dummen" Denk-Stil liegt, der uns „unbegabt" erscheinen läßt. Diese 13 SPIELE helfen uns aus dieser Denk-Falle heraus.

- Aktives Wahrnehmen ist Voraussetzung, um zu **begreifen**. Je mehr man daran gewöhnt ist, eine Info genau so wiederzugeben, wie sie vorgekaut wurde, desto weniger Übung hat man darin, Lern-Informationen zu begreifen. Begreifen aber ist Voraussetzung, um mühelos zu merken (lernen). **Warnung:** Wenn man beginnt, Lern-Infos zu verstehen, kann es sein, daß man merkt, wie hoch der Anteil an qualitativ „miesen" Infos ist. (Böse Zungen behaupten, daß selbst viele Lehrkräfte dies nicht beurteilen können.)

- <u>Begreifen ist die Vorstufe zum Merken</u> (Lernen). Einmal bewußt wahrgenommen und sauber KONSTRUIERT bedeutet, daß wir diese Info später wiedergeben (= RE-KONSTRUIEREN) können. Lernen im

Sinne der üblichen Definition ist nicht mehr notwendig, im Gegenteil: Es verhindert echtes Lernen!

Die 13 Spiel-Varianten bringen uns bei wenig Aufwand enorm viel, insbesondere wenn wir bedenken: Sie machen uns intelligenter, denn sie sorgen nicht nur dafür, daß wir leichter lernen, <u>sondern daß wir unser Wissen auch „anzapfen" können</u>, wenn es darauf ankommt. Und das ist ebenfalls ganz anders als bei herkömmlichem „Lernen". Und das ganze ...

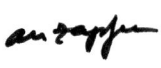

... mit einem Minimum an Aufwand!

Wir können Mikro-Spiele von 90 Sekunden bis 2 Minuten durchführen. Man kann schnell mal zwischendurch eine kleine Runde spielen – allein oder zu mehreren. Natürlich ist es immer erlaubt, länger zu spielen, aber es ist eben **auch möglich**, schnell zwischendurch ein wenig zu üben. Diese 13 Techniken stellen das **allerbeste Fitneß-Camp für unseren Kopf** dar!

Natürlich ist es immer **erlaubt**, länger zu spielen, aber es ist eben **auch möglich**, schnell zwischendurch ein wenig zu üben.

Assoziativ-Spiel Nr. 1: ABC-Listen

Mit ABC-Liste ist eine alphabetische Liste gemeint, die dadurch entsteht, daß wir ein „leeres ABC" nehmen (oder schnell anlegen, indem wir am Rand senkrecht die Buchstaben aufschreiben). Dann wandern wir mit den Augen „rauf und runter" und tragen überall dort etwas ein, wo uns etwas einfällt. Angenommen Sie wollten testen, wie viele Bäume Ihnen einfallen, wenn Sie mit Ihren Augen 2 Minuten lang über das „leere" ABC „wandern", was meinen Sie? Ihre Einschätzung: Anzahl Bäume: _____

Jetzt tun Sie es bitte. Die 2 Minuten beginnen erst, wenn Sie das ABC vor sich liegen (oder die Buchstaben aufgeschrieben) haben.

Falls Ihnen das zu schnell ging (weil die Übung für Sie vollkommen neu ist), bitte im MERKBLATT *Anlegen von Wissens-ABC & KaWa.s*© (Seite 139ff.) mehr Info holen, ehe Sie weiterlesen. Danke.

STOP Erst weiterlesen, wenn Sie Ihre Notizen aufgeschrieben haben ...

Also, wie ist Ihr Ergebnis? _____

Sie sehen, es ist **kinderleicht**, schnell mittels ABC-Listen eine Inventur vorzunehmen. Dabei denken wir ASSOZIATIV, und diese Denkart ist extrem wichtig. Genaugenommen ist die ABC-Liste eine Variante von Stadt-Land-Fluß, nur mit folgenden Unterschieden:

1. **Wir spielen senkrecht** im Gegensatz zu waagerecht (von Stadt über Land zu Fluß).
2. **Wir wandern mit den Augen das gesamte ABC „rauf und runter"** und tragen überall dort etwas ein, wo uns „zufällig" etwas „zufällt". Gegensatz: Wir schauen nur bei einem Buchstaben nach (z.B. „G") und spielen diesen einen Buchstaben.
3. **Je geübter wir sind, über ein Thema nachzudenken**, desto mehr wird uns dazu ein- oder zufallen (welch ein Zufall!). Diesen Experten-Bonus bezeichne ich als **Stadt-Land-Fluß-Effekt©**, und er beschreibt das WESENt-liche Element des Experten: Nicht nur weiß er einiges, er kann auch auf sein Wissen **zugreifen**!

Wir können mit ABC-Listen unglaublich viel anfangen, aber das meiste ergibt sich, wenn man erst einmal damit beginnt. Wenn wir ABC-Listen anlegen, profitieren wir nicht nur durch das **Schreiben** selbst, sondern wir gewinnen auch viel durch den anschließenden <u>**VERGLEICH.**</u> Ob wir eigene Listen vergleichen (von früher und heute oder mehrere, die wir kurz hintereinander angelegt haben), oder ob wir unsere Ergebnisse mit denen von **MitspielerInnen** vergleichen: Jeder Vergleich mit anderen ABC-Listen ist enorm hilfreich, weil hier zusätzlich zum Neuro-Mechanismus (s. unten) des ASSOZIATIVen Denkens noch der des VERGLEICHENs aktiviert wird (wir also bereits 4 Kügeli einheimsen).

Falls Sie querlesen: Die „Kügeli" beziehen sich natürlich auf die Doppel-Checkliste (s. *Hier geht's los*, Seite 11ff.).

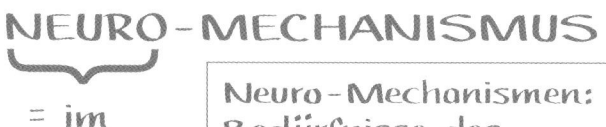

Assoziativ-Spiel Nr. 2: WORT-Bilder (KaWa.s©)

Wenn wir Assoziationen zu **den einzelnen Buchstaben eines Wortes** suchen, das wir untersuchen (explorieren, begreifen, merken) wollen (KaWa©, WORT-Bild), dann stehen uns **nur die Buchstaben des Begriffes** zur Verfügung. Dies ergibt die Möglichkeit einer **raschen Inventur**: Was denke (weiß) ich zu diesem Thema? Was „sagt mir" dieser Begriff (heute, jetzt)? Das könnte so aussehen:

Im MERKBLATT *Wissens-ABC & KaWa.s©* (Seite 139ff.) finden Sie eine **kurze Hinführung**, falls Sie noch nie eine alphabetische Liste zu einem Thema angelegt haben.

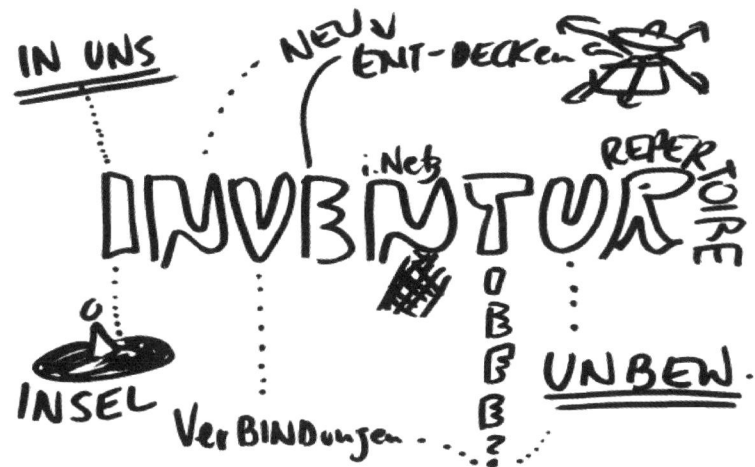

Das Spannende an einem WORT-Bild ist der Prozeß: Man betrachtet den Begriff auf dem Papier und sucht geistig nach Assoziationen zu den Buchstaben, aus denen der Schlüsselbegriff auf dem Papier (Bildmitte) besteht. Durch die innerliche Frage: „Ein Begriff mit ... (z.B. „K")" wird eine Art von Kreuzworträtsel-Effekt erzeugt. Dadurch fällt uns nachgewiesenermaßen mehr ein als bei allgemeinen Notizen. Man muß es erlebt haben, denn man kann es sich nicht vorstellen, wenn man es nicht durchgeführt hat (wie z.B. beim Rad fahren und verliebt sein ...). Wir haben festgestellt, daß man manchmal einige Versuche durchführen muß, bis es „greift". Mein Vorschlag: Probieren Sie es 8mal innerhalb eines Monats, ehe Sie entscheiden, wie Sie die Technik finden. Wäre das möglich? Also, wann beginnen Sie?

Jetzt möchte ich Ihnen noch drei weitere ASSOZIATIONS-SPIEL-Variationen vorstellen, die einen SOFORT-EINSTIEG erlauben. Weitere Variationen zum Thema ASSOZIATIV-Spiele ergeben sich wie von selbst, wenn man erst einmal damit anfängt.

Hier ein KaWa©, das Sie einmal sehr bewußt zur Kenntnis nehmen sollten, denn es beschreibt die Crux an vielen unserer Schulen – auch heute noch:

Die Harvard-Professorin Ellen J. LANGER weist darauf hin, daß verschlossene Daten und Fakten wie verschlossene Pakete wirken. Sie bringt ein hervorragendes Beispiel: Als sie selbst noch viel auswendig lernte, mußte sie als Studentin einmal einen Artikel zweier Autoren lesen (ROCK und HARRIS). Kurz darauf fragte jemand sie, was sie von der Arbeit von HARRIS hielt, und sie sagte, sie hätte nie von HARRIS gehört. Sie stellt fest: Hätte man nach **ROCK und** HARRIS gefragt, so hätte es bei ihr sofort „geklickt", aber da sie mit ihrem mechanischen Pauken nie wirklich in das Paket hineingesehen hatte, konnte sie einzelne Elemente des Paketes nicht erkennen.

P = Päckchen (s. Rand) bleiben verschlossen (wir erfahren nichts vom Inhalt, von der Bedeutung, inkl. von der Bedeutung, die sie für uns hätten haben können).

A = Ausschließlich isolierte (absolute) Daten. Absolutes kann vom Gehirn, das **Verbindungen** (für assoziatives Denken) und Bedeutungen benötigt, nicht gelernt werden. LANGER schlägt vor, **die Pakete zu öffnen.** Und dazu dienen die Techniken in diesem Buch!

U = Unfähigkeit, Einsichten zu gewinnen = wirklich zu lernen.

K = Kognitives Vakuum: kein echtes Begreifen des Gepaukten. Das ist die sprichwörtliche LEERE IM KOPF ...

E = Ent-DECK-ungen werden verunmöglicht!
N = Nachteile überwiegen massiv:
1. **Durch PAUKEN entstehen keine notwendigen Neuro-Verbindungen.** Es entstehen nämlich keine echten (notwendigen) bevorzugten Nervenbahnen, welche die neuen Infos mit möglichst vielen anderen Informationen in unserem Wissens-Netz (im inneren Archiv) verbinden würden.
PAUKEN ist langweilig. Bei Langeweile (vgl. Seite 75f.) aber sind wir **biologisch auf Abbrechen** programmiert. Deshalb ist Pauken extrem schwierig: Bei maximalem Zeit- und Energieaufwand erhalten wir nur minimale Ergebnisse, also ein mieses Preis-Leistungs-Verhältnis.
2. **PAUKEN** verhindert eigenständiges Denken! Man kann also selbst Daten, die man endlich „halbweg drin" hat, denkerisch nicht einbeziehen. Dies ist einer der Gründe, warum man gepaukte Daten auch bald wieder verliert. Leuchtet doch ein, nicht wahr?

Letztlich halten Klangbilder (z.B. bei Vokabeln) oder irgendwelche Vorstellungen (z.B. bei Eselsbrücken) die Daten nur vordergründig und kurzfristig (mit etwas Glück, bis zur Prüfung) fest.

Das Antidot zu Pauken ist **Lernen mit Verständnis**.

Das Gegen-KaWa wäre GEIL-es Lernen:
G = gehirn-gerecht
E = Ent-DECK-ungen, EXPLORER sein dürfen
I = Intelligente Maßnahmen, Strategien, Spiele ...
L = Lern-Lust (statt Last)

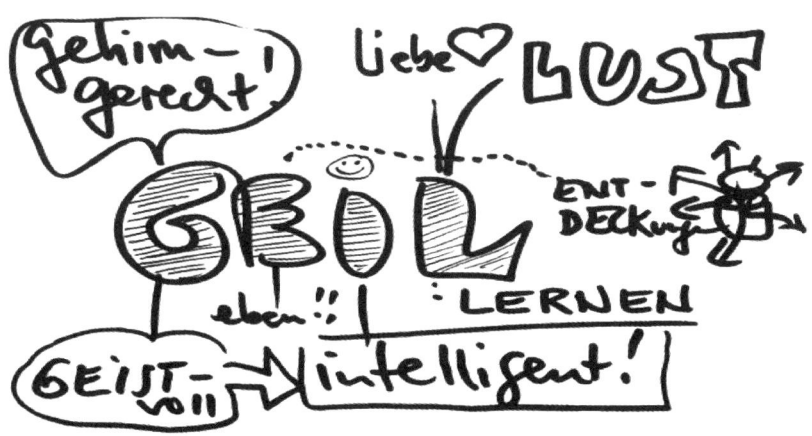

Assoziativ-Spiel Nr. 3: ABC-COUVERT

Es begann damit, daß ich vor einigen Jahren im Zuge meiner Versuche einen Begriff täglich ein- bis dreimal kurz (2 Minuten) spielte, dabei jedoch jedesmal eine **neue** Spontan-Inventur vornehmen wollte. Also stopfte ich sie in ein herumliegendes großes (leeres) Couvert und fuhr fort. So erhielt die Technik ihren Beinamen (ABC-COUVERT).

Regelmäßig kurze schnelle Listen anlegen und sofort WEGPACKEN. Sie können die fertigen Listen abheften, wegpacken, sie in eine Schublade werfen, das heißt anfertigen und weglegen, ohne sie zu lesen! So können Sie mehrmals (sogar viele Male) „neu denken", **ohne von den vorherigen Übungen beeinflußt zu werden**. Das SCHREIBEN und WEGPACKEN geschieht **im Hier und Jetzt**, davon wandert bei den ersten Malen nur sehr wenig ins Langzeit-Gedächtnis. Erst wenn Sie die Listen und/oder KaWa.s© zusammenführen (konsolidieren), erhalten Sie den Überblick. **Ab jetzt wissen Sie weit mehr zum Thema**, weil sie einen Stadt-Fand-Fluß-Effekt geschaffen haben. Dieser entsteht beim echten Stadt-Land-Fluß-Spiel nämlich vor allem dadurch, daß die SpielerInnen **vorlesen**, was sie **geschrieben** haben, nicht beim Schreiben selbst! Wenn Sie immer wieder HÖREN, daß jemand bei Fluß mit „A" den Amazonas vorliest, wird sich dies auf Dauer vollautomatisch einprägen und bald fällt Ihnen der Amazonas ebenfalls „zu" (welch ein „Zu-Fall")! So schaffen Sie den Stand-Land-Fluß-Effekt, indem Sie Ihr eigenes Wissen ständig SPIELend AUSBAUEN.

Assoziativ-Spiel Nr. 4: KaWa-COUVERT

Analog ABC-Couvert: Nach einigen Tagen (manchmal sogar Wochen) beginnt man die Bogen „auszuschlachten", z.B. indem man alle Assoziationen auf ein Riesenblatt überträgt oder indem man pro Buchstabe ein Blatt anlegt und die Assoziationen hier sammelt. Manche tippen die „Ausbeute" lieber in den Computer ein. Das soll man angehen, wie man möchte. Wichtig ist allerdings: Es zeigte sich, daß man die Blätter im Nachhinein manchmal chronologisch sortieren möchte, um die **Entwicklung** gewisser Gedankengänge nachvollziehen zu können (s. Rand).

Assoziativ-Spiel Nr. 5: ABC-Kreativ

Dies ist eine tolle Technik, die uns hilft, Probleme **kreativ** zu lösen. Ausgangsbasis ist eine Situation, die uns „schwierig" erscheint, denn sofort gelöste Probleme werden nicht als solche wahrgenommen. Sie stehen also vor einer Fragestellung und Ihnen fällt nichts ein. Nun haben wir ja bereits festgestellt, daß assoziatives Denken „alte Ver-BIND-ungen" nutzt. Wenn uns aber nichts einfällt, dann heißt das, daß wir (noch) keine alte ASSOZIATIVE Verbindung gefunden haben. Also brauchen wir eine, die sich nicht von selbst „anbietet", deshalb brauchen wir eine niegelnagelneue Idee. Wenn wir die finden, dann hat es diese Verbindung (in unserem Kopf) bisher noch nicht gegeben, und diese neue Verbindung bezeichnet Arthur KOESTLER statt ASSOZIATION als BISOZIATION (von lateinisch: BIS = ZWEIMAL, weil zwei unverbundene Ideen verbunden werden).

Früher schaffte man das, indem man eine Stecknadel nahm, sie in einen Text (Buch, Zeitung) steckte und dann das der Nadel am nächsten gelegene Hauptwort wählte. Nun versuchte man, seine Fragestellung mit dieser bisoziativen Verbindung zu „lösen". Heute nehmen wir einfach irgendeine unserer ABC-Listen und suchen einen Begriff mit dem Anfangsbuchstaben des Schlüsselwortes zum Problem.

Die Erfahrung hat gezeigt, daß **numerierte** Blätter viel schneller sortiert werden können als solche, die ein Datum tragen. Die Numerierung läuft von 1 bis ... (z.B. 30), so daß wir nur eine bis zwei Ziffern sortieren müssen, im Gegensatz zum Datum (Tag/Monat/Jahr).

In meinem Buch *ABC-Kreativ* stelle ich 17 Fallbeispiele vor.

In einem Beispiel eines meiner Kunden ging es um ein Problem mit einer **Flaschenreinigungsmaschine**, also könnte er unter „F" (wie „Flasche") nachsehen, unter „R" (wie „reinigen") oder „M" (wie „Maschine") etc.

Dann untersucht man das Begriffs-Paar, das entsteht, auf eine mögliche Lösung hin. Beim Lernen zeigt uns das ABC-Kreativ-Spiel neue Aspekte unseres Lernstoffes, auf die wir normalerweise nie gekommen wären.

Fallbeispiel: KLASSISCHE MUSIK und Diverse

Neulich spielte ich mit einem Freund am Telefon. Sein THEMA (seine Fragestelllung) lautete: KLASSISCHE MUSIK. Nun schauten wir in einer ABC-Liste bei „A" nach und fanden dort die Achterbahn. Was kann einem dazu einfallen?

KLASSISCHE MUSIK + ACHTERBAHN

Es gibt einfache Achterbahnen (für Kinder), die „leichter" klassischer Musik ähneln, dann gibt es mittelschwere, bei denen ca. 3G (dreimalige Schwerkraft) erzeugt werden, wenn auch nur jeweils sehr kurz. Dies entspricht einigen kurzen, aber sehr „heftigen" Passagen bei klassischen Musikstücken, und es gibt Stücke, die sehr kurz nach dem Anfang (wenn man auf der Achterbahn den ersten Schwung geholt hätte) echt „heavy" werden und bis zum Ende den Hörer nicht mehr „auslassen" – er ist dieser Musik in ähnlicher Weise „ausgeliefert", sie überrollt ihn, schwemmt über ihn weg, nimmt ihm die Luft (macht ihn atemlos vor Staunen). So gesehen kann man verstehen, daß die Kirche lange Zeit Musik verbot. Später ließ die katholische Kirche nur vorsichtige Chorgesänge (gregorianische) zu (monochrom, wenig Gefahr einer emotionalen „Achterbahn"). Heute spannt sich der Bogen von solch ruhiger Kirchenmusik über großartige Kirchenkonzerte oder Spirituals, die sehr mitreißend sind, bis zur afrikanischen Kirchenmusik (auch in Teilen Brasiliens und Haitis/Tahitis), die in ähnlicher Weise aufregt wie die neuesten Achterbahnen, die teilweise atemberaubend sind. Aus diesem Blickwinkel verstehen wir, daß die Musik von BEETHOVEN zu seiner Zeit ähnlich abgelehnt wurde wie manche Arten von Heavy Rock heute (zu modern, furchtbar!). Genauso wie manche Leute meinen, manche Achterbahnen sollten verboten werden. Die Parallelen sind stärker als man im ersten Moment gedacht hätte, gell?

Assoziativ-Spiel Nr. 6: Stadt-Land-Fluß-Spiele

S. Seite 92ff.

Assoziativ-Spiel Nr. 7: LULL'sche LEITERN

Der Grund, warum LULL'sche LEITERN so hilfreich sind, ist ein doppelter:

Im Merkblatt LULL´sche Leitern (Seite 146ff.) finden Sie eine kurze Einführung, falls Sie noch nie mit dieser Technik gearbeitet haben.

1. **Wann immer wir assoziatives Denken trainieren, aktivieren wir unseren gleichnamigen Neuro-Mechanismus.** Je mehr das klassische Schulsystem uns früher vom freien, assoziativen Denken abgehalten hat, desto hilfreicher ist diese Art von Training. Dies gilt für Lehrende wie für SchülerInnen, StudentInnen, Seminar-TeilnehmerInnen etc.!

2. **Manchmal gewinnen wir bei diesen Übungen großartige Einsichten.** Denn, wie schon besprochen lebt die Assoziation ja von der alten Verbindung. Wenn wir aber eine Verbindung selber schaffen, die sich nicht vollautomatisch „anbot", die es in dieser Form noch nie gab, kann sie uns im ersten Augenblick völlig verrückt, sogar irre erscheinen. Jetzt haben wir es genaugenommen nicht mehr mit einer ASSOZIATION zu tun, sondern mit einer BISOZIATION (nach KOESTLER). Nun neigen viele Menschen beim ersten Auftauchen einer „unsinnigen" Verbindung dazu, diese Kombination abzuhaken nach dem Motto „Das bringt nichts". Aber das sind ungeübte oder faule Denker! Leonardo da VINCI (der ebenfalls mit Listen arbeitete!) stellte fest:

> Gib einem Menschen **zwei Ideen**, die scheinbar nicht zueinanderpassen, und **etwas Zeit**, und der menschliche Geist MUSS eine Verbindung **schaffen**.

KREA-TIV trotz Schule?

Übrigens verwendeten wir eine thematisch nicht sortierte Liste, vgl. ABC-Spiel 12: GEMISCHTE ABC-SPIELE.

Wenn wir eine Bedeutung für eine **neue Verbindungen** selber schaffen, dann sind wir schöpferisch tätig. Und Schöpferkraft, ist der Inbegriff der **KREATIVITÄT**. Also ist das Spiel mit dem LULL'schen Leitern eine Übung, mit der wir entweder das ASSOZIIEREN trainieren können (Training ist immer gut) oder die uns kreativer macht, als wir je für möglich gehalten hätten. Deshalb sollten wir bewußt registrieren, ob die Verbindung, die sich ergibt, sich „anbietet" (also ASSOZIATIVER Natur ist) oder ob sie so neu ist, daß wir daran vorher noch nie gedacht haben. Die folgenden vier Beispiele zeigen das: zweimal „neu" (anders), also BISOZIATIV, und zwei Verbindungen, die „sofort einleuchten", also „alt" (ASSOZIATIVer Natur).

Sie erinnern sich an den Bekannten mit der KLASSISCHEN MUSIK (s. *ABC-Kreativ*, Seite 28). Nachdem die Ausbeute so interessant war, wechselten wir von ABC-Kreativ zu LULL'schen Leitern über und spielten weiter. (Wenn man zu mehreren spielt, sollte der Spieler immer gleich dazusagen, ob die Ver-BIND-ung eher ASSOZIATIV oder BISOZIATIV ist):

1. **KLASSISCHE MUSIK + ACHTERBAHN = BISOZIATIV** (s. Seite 28f.)
2. **KLASSISCHE MUSIK + Bad** (im Sinne von Schwimmbad) = **BISOZIATIV**
   Also, die Anzahl der Besucher hängt vom Wetter ab – wie auch bei einem Konzert. Es gibt Kompositionen, da haben wir „volles Haus", und solche, die schiebt man nur zwischen zwei beliebte, damit man keine „leere Liegewiese" produziert. Außerdem: Im Bad liegt man herum, läuft umher und geht ins Wasser; klassische Musik meinen Leute aber immer still sitzend genießen zu müssen, inklusive der Tänze und Menuette, die ja ursprünglich als Tanz-Musik geschrieben worden waren.
3. **KLASSISCHE MUSIK + Computer = ASSOZIATIV**
   Es gibt zahlreiche Möglichkeiten, klassische Musik mit Hilfe von Computern zu machen. Man kann Tausende von Musik-Files als MIDI „herunterladen", man kann sich Stücke „holen", denen das

Instrument fehlt, das man lernen will und karaoke-ähnlich üben (früher mußte man viel Geld für derartige Profi-Schallplatten bezahlen), man kann den Computer benutzen, um ein Lied einen halben Ton herunter- oder hinaufzutransformieren (früher mühseligste Handarbeit) etc. Auch der nächste Schritt (Roboter und Androiden) fällt ein: In Japan wurde bereits vor Jahren ein Roboter gezeigt, der BACH an der Orgel spielte, und in StarTrek spielt DATA u.a. auch Geigenkonzerte mit menschlichen KollegInnen.

4. KLASSISCHE MUSIK + DOSE = ASSOZIATIV
Die erste Assoziation, die ich hatte, war „canned music"; so nennen die Angelsachsen künstlich produzierte Pseudo-Musik, wie man sie in Aufzügen, Kaufhäusern etc. zu hören bekommt. Als nächstes meinte ich: Eigentlich hätten wir früher diese Non-Musik nicht mit klassischer Musik verbunden, aber seit es Handy-Jingles gibt, die von klassischer Musik hergeleitet wurden (ich nenne das eine akustische Karikatur), ist die Verbindung vorhanden.

Sie sehen: Je mehr man weiß, desto mehr kann einem „zu-fallen" (welch ein Zu-Fall!). Wer also regelmäßig ABC-Kreativ oder LULL'sche Leitern spielt, befindet sich im geistigen Fitneß-Camp. Dies ist mindestens genauso wichtig wie körperliche Fitneß und macht alle geistigen Leistungen, inklusive Lernen und Denken, leichter!

Dreifaches Fazit

1. **Lernende**, die mit den ABC-Listen aus dem Unterricht LULL'sche Leitern spielen, verbessern ihre Zensuren im Schnitt um eine Note und kommen mit einem weit TIEF-eren Verständnis für die Themen aus der Übung (bitte weitersagen!).
2. **Lehrende**, die mit ABC-Listen den Unterricht vorbereiten, erwerben ebenfalls ein TIEF-eres Verständnis (bitte notieren!).
3. **Denker** jeder Art, die dies regelmäßig tun, merken von Monat zu Monat, um wieviel freier die Gedanken fließen und sich verbinden lassen; sie fühlen sich fähiger, auf Situationen zu reagieren, und werden kreativer, weil sie ja ständig üben, mit

N Bisoziationen (ungewöhnliche Verbindungen nach KOESTLER) umzugehen. Es lohnt sich wirklich!

Assoziativ-Spiel Nr. 8: VERGLEICHE

Wenn wir in der Zeitung lesen, wieviel unser Land für **ein einziges Kampfflugzeug** ausgibt, dann ist dies eine „nackte Zahl", die genaugenommen NICHTS AUSSAGT. Wir müssen diese Zahl in Beziehung setzen zu anderen Zahlen, erst dann können wir über die erste Zahl nachdenken. Wir könnten vergleichen: Den Preis eines einzigen Kampfflugzeuges mit ...

- der Summe für **Bildung** in diesem Land.
- der Summe für ... (Was fällt Ihnen noch ein?).

Wenn Sie ernsthaft nachzudenken beginnen, wird Ihnen klar: Wie kann man die Aids-Behandlung von der Forschung trennen? (Eine Frage, die sich Pharma-Konzerne stellen müssen.) Oder: Wie wollen wir Bildung eingrenzen? Beginnen wir bei Kindergärten und Hauptschulen, oder meinen wir Gymnasien und Hochschulen?

Oder setzen Sie die Summe, die ein Kampfflugzeug kostet, in Beziehung zu **historischen** Zahlen, um intelligent nachzudenken – vergleichen Sie z.B. mit den Kosten von **100.000 römischen Legionären** (wie lange konnte man sie ernähren, ausstatten, trainieren, kleiden, wohnen lassen etc.?). Vielleicht aber vergleichen Sie das Kampfflugzeug lieber mit einem anderen Kampfgerät, z.B. mit einem römischen Kriegsschiff? Natürlich muß man hier Kaufkraft mit Kaufkraft vergleichen, also den Preis von alltäglichen Nahrungsmitteln, Wohnkosten, Kleidung für normale Bürger etc. als **Grundlage des Vergleichs** nehmen. Aber schon wenn wir darüber nachdenken, an welchen alltäglichen Nahrungsmitteln wir es festmachen können, kommen Zweifel: Haben die Leute ihr Brot eher mit Weizen oder mit anderen Getreidesorten gebacken? Welche „Sättigungsbeilagen" (wie es früher in der DDR hieß) waren damals dort alltäglich?

Sie merken es, wir beginnen eine Menge zu lernen, wenn wir – wie ein Detektiv – solchen Fragen nachgehen. Am Ende haben wir das Thema ganz anders kapiert als durch Pauken, und Spaß hat es auch gemacht! Das unterscheidet intelligentes Lernen vom Pauken.

Vgl. Sie das KaWa© zu PAUKEN, Seite 24.

Sie sehen, wie schnell einem alle möglichen Aspekte „einfallen", weil wir assoziativ denken und unsere gesamtes inneres Archiv anzapfen können. Und: Je häufiger wir ASSOZIATIV üben, trainieren und spielen, desto besser funktioniert diese Art von Denke. Und nun könnten Sie ein **Wissens-ABC** anlegen und alles festhalten, womit man die Kosten eines Kampfflugzeugs vergleichen könnte. Na, was meinen Sie?

1. A _____
2. B _____
3. C _____

etc.

Da Schule in den ersten 10 Schuljahren in der Regel **nicht** lehrt, wie man eine Info (z.B. Zahlen) „lesen" (interpretieren) muß, bedeuten solche Zahlen den meisten Menschen nichts. Und das ist eines der zentralen Probleme eines Schul-Systems, in dem Infos, Fakten oder Ideen nicht automatisch „zum Vergleich freigegeben" werden. Merke:

Solche Einsichten können weder gelehrt noch gepaukt werden, man muß sie **erwerben**! Und man erwirbt sie, indem man **VERGLEICHE** anstellt und **Schlüsse zieht**!

Assoziativ-Spiel Nr. 9: TRAIN-OF-THOUGHT (innerer Monolog)

Haben Sie schon einmal versucht, Ihre eigenen Gedanken über längere Zeiträume hinweg zu beobachten? Dabei werden Sie feststellen: Unsere Gedanken sind ein wenig wie scheue Rehe: Man weiß, sie sind andauernd da, in ganzen Rudeln, aber will man sie bewußt beobachten, fliehen sie. Es ist weit leichter, unsere Gedanken in Form von ABC-Listen oder KaWa.s© zu registrieren, als den inneren Monolog festzuhalten. Aber es kann eine spannende Übung wer-

den, wenn man es versucht. Man kann dies denkerisch oder schreibend tun (letzteres kann im Nachhinein weiter analysiert werden).

Wandern Sie von einem Gedanken zum nächsten, indem Sie einen Gedanken „festhalten" (Stichwort, Halbsatz, Satz) und warten, welcher sich als nächstes zeigt. Es ist, als würden Sie mit einer Lampe in das Dunkel einer nächtlichen Lichtung leuchten. Außerhalb des Lichtkegels sind Tausende und Abertausende von Gedanken, aber welche treten in den Lichtkegel? Dieses Spiel kann man hervorragend während Wartezeiten spielen (damit sich wenigstens Ihr Geist bewegt, wenn schon Sie oder Ihr Fortbewegungsmittel im Stau „stehen").

Der englische Name „train-of-thought" benutzt eine andere Metapher: die eines gigantisch langen Zuges, an dem man einen Waggon nach dem anderen „anhängt". Egal welche Metapher Sie hilfreicher finden, es gilt: Wenn Sie einigermaßen geübt sind, dann beginnen Sie, Ihre Gedankenzüge bewußter zu registrieren; diese können uns nämlich eine Menge Infos bieten, wenn wir sie bewußt registrieren:

1. Löst eine Idee in uns Assoziationen aus?
2. Eine? Einige? Viele?
3. Eher einzelne Gedanken oder ganze Stämme (Züge)?
4. Möchte ich weiter nachdenken, der Sache auf den Grund gehen?

Assoziativ-Spiel Nr. 10: MADELAINE-Spiele

In *Auf der Suche nach der verlorenen Zeit* wurde Marcel PROUST von einer Kindheitserinnerung regelrecht übermannt, als er in eine MADELAINE (ein Gebäck) biß. In einem meiner Spiele-Bücher beschreibe ich einige LEBENS-SPIELE (s. Rand), darunter ein Spiel, das ich seither als MADELEINE-Spiel bezeichne.

LEBENS-SPIELE sind die beste Anti-Alzheimer-Prophylaxe, die wir uns denken können, Details in meinem Büchlein *Intelligente Party-Spiele* (2. Auflage, 2004)

Das erste Mal ... (Zitat aus meinen Buch: *Intelligente Party-Spiele*)
Testen Sie verschiedene Vorgehensweisen: Fällt den MitspielerInnen mehr (oder schneller etwas) ein, wenn Sie sofort (ohne Vorbereitung) nach dem **ersten Erlebnis einer besonderen Art** (z.B.:

„Erinnerst du dich noch an **deinen ersten Kuß?**") fragen? Oder fällt den MitspielerInnen **mehr** ein, wenn Sie **das Thema vorher in den Raum stellen**, z.B. durch eine „beiläufige" Bemerkung (wie: „Mensch, das war vielleicht eine Kußszene in dem Spielfilm gestern abend ..."), und erst **danach** nach dem **ersten Erlebnis hierzu** (im Fallbeispiel also: Kuß) fragen. Praxiserprobte Fragen nach dem 1. Mal sind z.B.:

- der erste Kuß,
- der erste Schultag,
- die erste Tanzstunde,
- das erste Mal, als man ein bestimmtes Gericht gegessen hat (gerade Nahrungsmittel, die man eher als Erwachsener schätzt, können spannende Erlebnisse wieder zum „Leben" erwecken),
- der erste Roman,
- der erste Film,
- die erste eigene Wohnung (auch wenn es nur ein Zimmer war),
- die erste Reise alleine,
- die erste „große Krise" im Leben.

auch junge leute können ihr Leben schon "spielen" ☺

Wenn Sie ... weitere „wissenschaftliche" Tests „fahren" (wollen), können Sie **testen, welch unterschiedliche Auswirkungen bestimmte Fragetypen** auf Ihre MitspielerInnen (pardon: auf Ihre Versuchspersonen) **haben**. Zum Beispiel:

- **WANN** (passierte dies und jenes) in deinem Leben? Oder:
- **Weißt du noch, als ...** (du damals zu rauchen begonnen hast?) oder:
- **Weißt du noch, warum ...** (du zu rauchen begonnen hast?)
- **An wie viele** (z.B. Leute aus deinen Schulklassen) **könntest du dich ohne Hilfsmittel wie Fotos noch erinnern?** (Namen, Gesichter, Begebenheiten ...?)

(Ende Zitat)

Bitte stellen Sie fest, um wieviel leichter/schwerer es **manchen Menschen** fällt (sich zu erinnern). Oder: Spielen ältere Menschen lieber als junge? Tragen Sie Ihre FUNDE in Ihr JOURNAL ein; seien Sie ein EXPLORER ... (vgl. Seite 129)

Assoziativ-Spiel Nr. 11: VERGLEICHS-Spiele
(vgl. auch Zitate, Definitionen etc.)

vgl. Texte (z.B. ZITATE)

Da ich diese Technik zuerst mit ZITATEN entwickelte, finden Sie unter „Z" (ab Seite 116) die Erklärung. Diese Art von Spiel kann übertragen werden auf Definitionen, Metaphern usw. zu einem Thema (oder von einem Autor oder aus einer Epoche etc.), die wir aufmerksam lesen und miteinander VERGLEICHEN wollen. Da es aber eine der besten ASSOZIATIV-Strategien ist, listen wir die Möglichkeit an dieser Stelle mit auf.

Assoziativ-Spiel Nr. 12: GEMISCHTE ABC-Spiele

Das ist eine spannende Variante, bei der wir mit einer ==ABC-Liste== arbeiten, ==die NICHT thematisch sortiert ist==. Also eine Liste, in der die Begriffe keinerlei innere Verbindung haben. Solche Listen sind nicht leicht zu erstellen, eben weil der Geist ASSOZIATIV arbeitet. Aber das heißt:

Spannendes → Experiment

1. Versuchen Sie, hin und wieder Listen zu erstellen, bei denen jeder Begriff nichts mit den ihn umgebenden zu tun hat. Anschließend studieren Sie die Liste sehr genau (vielleicht mit Hilfe Ihrer Freunde) und identifizieren Wörter, die doch eine innere Verbindung haben, die Ihnen nicht unmittelbar klar war. So schrieb jemand z.B. bei „A" Architektur und bei „B" Bühnenbildner und dachte, es gäbe keine Verbindung, aber Bühnenbildner sind eine Art von Architekten, nur innerhalb von Gebäuden (bzw. bei einigen weltberühmten Freilichtbühnen sogar außerhalb).

2. Indem Sie im Nachhinein merken, wo doch Ver-BIND-ungen bestehen, lernen Sie, Ihr inneres Archiv aktiv zu nutzen und auf die vielen Wissens-Fäden zuzugreifen, die Sie bereits angelegt haben.

Einige Minuten dieser Übung pro Woche bringt innerhalb einiger Monate erstaunliche Erfolge im Denken.

3. Wenn Sie eine Menge Listen angelegt haben, könnten Sie von 26 Listen je ein Wort aus der nächsten Zeile zusammen-„klauen" und danach sehen, wie „gemischt" diese Liste ist. Viele Leute schreiben Listen nur zu einem eng umrissenen Themenkreis, das merken sie aber erst, wenn sie diese dritte Variante der gemischten Liste zu spielen versuchen. So schrieb mir eine Teilnehmerin, bei diesem Versuch hätte sie im Nachhinein gemerkt, daß ihre Listen (denen sie nie klare Titel gegeben hatte!) wie folgt überschrieben werden müßten: Tiere, Pferde, Reittiere, Wildpferde, Zuchtpferde, Reitschulen etc.). Das hatte sie davor nicht gemerkt.

Assoziativ-Spiel Nr. 13: Das KNICK-Spiel

Dieses Spiel erwuchs aus Versuchen der letzten Art (Assoziativ-Spiel Nr. 12), dabei entwickelte ich folgende zwei neue Spiele, bei denen wir aufgrund der Begriffe in der Liste das Thema der Liste zu erraten versuchen. Da man meist eine Überschrift anlegt, in der man festhält, worum es in dieser Liste „geht", können wir diese Überschrift nach hinten KNICKEN, so daß jemand, der die „kopflose" Liste liest, das Thema nicht sehen kann.

Einsteiger nehmen **eigene alte** Listen und versuchen, die Inhalte zu raten. Bei diesem Spiel hätte die Dame mit dem „Reit-Pferde-Themenkreis" auch bald gemerkt, was los war. Je älter die Listen, desto schwerer wird es, weil wir uns ans Schreiben nicht mehr erinnern. Damit wird der Übergang zur Fortgeschrittenen-Variante fließend.

Fortgeschrittene versuchen, Listen anderer Personen zu raten. Man kann „kopflose" Listen mailen, faxen oder fotokopieren, wenn man eigene Listen nicht aus der Hand geben will.

Manche tippen ihre Listen auch ein (wobei das Eintippen ein schönes Vertiefen bedeutet, bei dem uns oft noch weitere Begriffe einfallen).

ASSOZIATIVes Denken + ASSOZIATIV-Spiele

Beispiele: Raten Sie die Themen folgender Listen:

1. Abblendlicht, Automatik
2. Bremsen, Blinker, Benzin
3. Chauffeur, Chassis
4. Diebstahlsicherung, Drehzahlmesser
5. einparken, Elektronik
6. Felgen, Fernlicht
7. Gaspedal, Gangschaltung
8. Heckscheibe, Hupe
9. Innenspiegel
10. J
11. Kupplung
12. Lenkrad, Licht
13. Motor
14. neutral
15. Öldruck
16. Pneu
17. Q
18. Rad, Radio
19. Schaltung, Scheiben
20. Treibstoff
21. Umlaufgebläse
22. Vierwegschaltung, Viertakter
23. Wasser
24. X
25. Y
26. Zylinder, Zündschlüssel

LÖSUNG: Auto

---

1. Apotheker, Anwalt, Außendienstmitarbeiter, Arzt, Astronaut
2. Bauer, Bankier, Berater, Brauer, Bauchtänzer
3. Chemiker, Chirurg
4. Dachdecker, Designer, Detektiv
5. Elektriker, Einkäuferin, Erzieherin
6. Förster, Fischer, Floristin
7. Grafiker, Geograph, Gärtner
8. Hafner, Handwerker, Hutmacher
9. Ingenieur, Info-Broker
10. Jurist, Journalist, Jäger
11. Kaminkehrer, Klempner
12. Lehrer, Liedermacher
13. Maurer, Maler, Manager
14. Näherin, Neurologe
15. Organist, Opernsänger
16. Physiker, Pianist, Psychologe, Popstar
17. Quellenforscher, Quantenphysiker
18. Richter
19. Schlosser, Sekretärin
20. Trainer, Tischler, Techniker
21. Umweltforscher, Uhrmacher
22. Vermesser, Verkäufer
23. Wagner, Wissenschaftler, Webdesigner
24. Xylograph
25. Yachtbauer
26. Zahnarzt, Zimmermann, Zoodirektor

LÖSUNG: Berufe

---

1. Aster, Anemone
2. Buschwindröschen, Begonie, Blutströpfchen
3. Chrysantheme, Christrose
4. Dahlie, Distel
5. Enzian, Erika, Edelweiß, Ehrenpreis
6. Frauenschuh, Fresie, Fuchsie
7. Gladiole, Gänseblümchen, Geranie, Glockenblume
8. Hyazinthe, Herbstzeitlose
9. Iris
10. Jasmin, Johanniskraut
11. Krokus, Klee
12. Lupinen, Löwenzahn, Lilie
13. Maiglöckchen, Margerite
14. Nelke, Narzisse
15. Orchidee
16. Pusteblume, Primel, Petunie
17. Quendel
18. Rose, Ringelblume, Rittersporn
19. Strehlizie, Schlüsselblume, Sonnenblume, Schneeglöckchen, Sumpfdotterblume, Schleierkraut
20. Tulpe, Trollblume
21. Usambaraveilchen
22. Vergißmeinnicht, Veilchen
23. Wicke, Wildrose, Winde, Wiesenschaumkraut
24. X
25. Y
26. Zwergmispel

LÖSUNG: Blumen

Auswendig lernen?

Einer der Fehler im normalen Schul- und Hochschulbetrieb ist das **sture Auswendiglernen** von Daten, Fakten, Informationen. Wenn wir intelligent (cool) lernen wollen, sollten wir das nur in wenigen Ausnahmefällen machen, wenn wir etwas gerade mal durch eine Prüfung „bringen" und dann wieder vergessen wollen. In allen anderen Fällen sollten wir zwei wichtige Dinge überlegen:

1. Je mehr Daten, Fakten, Infos, desto ...

Wir sprachen bereits darüber, daß wir **assoziativ** denken. In den 1970ern und 1980ern gab es ein gigantisches Problem, als man versuchte, **künstliche Intelligenz** (im Computer) zu erzeugen. Je mehr Infos die Dinger aufnahmen, je mehr sie also theoretisch hätten wissen können (um z.B. als Expertensystem zu fungieren), desto langsamer wurden sie. Im Klartext:

> Je mehr Computer „wußten", desto langsamer „dachten" sie!

Das setzte den ursprünglichen Versuchen, Maschinen mit Infos zu „füllen", ein Ende. Vergleichen Sie das mit dem sturen Pauken von Infos – es funktioniert nicht mal bei Maschinen! Man wußte aber auch bereits, daß es bei Menschen genau umgekehrt funktioniert:

> Je mehr (Daten, Fakten, Informationen) Menschen WISSEN, desto schneller denken sie.

Heute wissen wir, daß das damit zu tun hat, daß die Infos bei Menschen **vernetzt** werden, man nannte es KONNEKTIVITÄT, bis man erkannte, daß das genau dem **neuronalen Netz im Kopf** entspricht. Weil aber die Computer ursprünglich alle linear, sequentiell arbeiteten, wurden die Wege ja um so länger, je mehr Daten, Fakten, Infos in einer „Bahn" eingespeist worden waren – wie beim Stau auf der Autobahn. Deshalb begann man, Computer-Netzwerke zu bauen und erreichte damit zwei Dinge:

1. **Die Info-Verarbeitung wird schneller**, wenn **mehr** Info im System ist.
2. Es gibt so gut wie **keine Staus** mehr.

Dieses Prinzip wurde so wichtig, daß man es **auf Info-Netze** ausweitete. Deshalb können Sie im Internet so schnell surfen. Ebenso gilt:

> Wir können in unserem Kopf geistig um so schneller herumflitzen, je mehr wir wissen.

Daraus ergibt sich:

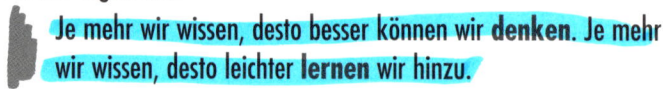

> Je mehr wir wissen, desto besser können wir **denken**. Je mehr wir wissen, desto leichter **lernen** wir hinzu.

Wenn Sie nur 100 Infos im Kopf hätten, wäre die Gefahr, daß ein Gedanke vollkommen neu ist, relativ groß. Bei 10.000 sähe die Situation schon ein wenig besser aus, bei einer Million noch besser etc. Tatsache ist, daß selbst „ungebildete" Menschen sehr viele Fäden im Wissens-Netz haben, und **im Mittelalter** (oder bis vor 100 Jahren) kamen die meisten so auch ganz gut klar.

> Heute aber erlebt ein Mensch in einem Leben so viel Veränderung und Neues wie eine Gemeinschaft von Menschen in ca. 10 Generationen! Deshalb ist lebenslanges Lernen angesagt.

Wenn Sie heute 15 Jahre alt sind, haben Sie bereits mehr Entwicklungen miterlebt als Ihre Oma in ihrem ganzen Leben. Als sie klein war, gab es Grammophone, aber Privatpersonen hatten keine Möglichkeit, selbst Klänge aufzuzeichnen. Später gab es die Möglichkeit, aber die Geräte waren groß, umständlich, arm an Qualität und extrem teuer. Später kamen die ersten Kassetten, 8-Tracks, MC.s, CD.s, Mini-Disks, MP3 (übrigens eine Entwicklung des Fraunhofer Instituts in Deutschland) etc. Aber:

> Wenn man die Idee, daß man selbst Klänge aufnehmen kann, einmal kapiert hat, dann sind weitere Systeme VARIATIONEN, weil wir bereits „passende" Fäden im Netz haben.

Auswendig lernen?

Wenn Sie die **Idee** von Atomen und Molekülen in Physik kennengelernt haben, fällt es Ihnen in Chemie leicht, wenn Sie ihnen dort wieder begegnen (oder umgekehrt). Allerdings gilt dies nur, wenn Sie damals begriffen haben, so daß Sie tatsächlich Atomfäden und Molekülfäden im Wissens-Netz besitzen. Wenn Sie aber im ersten Fall nur stur gepaukt hätten, dann hätten Sie keine Fäden gebildet, und dann würde es Ihnen nicht helfen, wenn Atome und Moleküle in einem anderen Zusammenhang wieder auftauchen. Genaugenommen sind die „Fäden" Nervenbahnen, und jetzt kommt der Hammer (aus der Gehirnforschung):

> Mit sturem Pauken kann man kaum Fäden im Wissens-Netz (Nervenbahnen) schaffen. Dazu muß man kapiert haben!

begreifen ist GUT, viel besser als PAUKEN ☺

Ausnahmen sind systematische Wissens-Listen, die man theoretisch jedes Mal **konsultieren** könnte wie die Ergebnisse des kleinen/großen Einmaleins. Je häufiger man diese Ergebnisse später aktiv benötigt, desto besser entwickeln sich Nervenbahnen. Andernfalls hat man die Tabellen zwar irgendwann einmal gelernt, bald aber wieder „vergessen". Merke:

> Vergessen heißt: verlorene Fäden (im Wissens-Netz).

Entweder, weil man nie einen richtigen Faden hatte, oder weil man einen hatte, den man lange nicht aktivierte.

Allerdings gilt: Alles, was wir einmal bewußt kapiert haben, kann später nicht durch den Mülleimer unser System „verlassen", sondern es wandert in unser gigantisches inneres Archiv. Dort kann es später erNEU-t aktiviert werden – im Gegensatz zu „stupidem Zeug" ohne richtige Bedeutung, das man nur kurzfristig auswendig aufsagen konnte, bis man es nicht mehr aktivierte und deshalb verlor. Halten wir fest: Ein Menschenhirn ist so konstruiert, daß Wissens-Fäden gut sind – je mehr, desto besser! Deshalb sollten Sie jede Chance wahrnehmen, Daten, Fakten, Infos wirklich zu lernen, das heißt in Ihr Wissens-Netz zu integrieren. Denn:

> Je ausgedehnter und größer unser Wissens-Netz, desto intelligenter und kreativer sind wir als Gehirn-Benutzer.

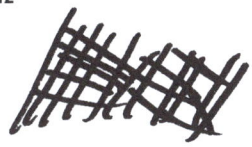

Solche Menschen brauchen moderne Gesellschaften der Zukunft.

> Vor 150 Jahren waren noch 80% aller Arbeiter und Arbeitnehmer Muskel-Arbeiter, bis 2010 werden in den Industrienationen 80% Kopfarbeiter sein.

In der Informations- und Wissens-Gesellschaft der unmittelbaren Zukunft zählt, was wir im Kopf haben und ob wir **nutzen** können, was wir haben. Wir leben definitiv bereits in einer „nachindustriellen" Epoche, das heißt wir benötigen keine menschlichen Roboter, die in Firmen wie im Staat brav die Befehle der Oberen ausführen; wir benötigen mündige BürgerInnen, ArbeitnehmerInnen, PatientInnen etc. Im Klartext:

> **Gehirn-Benutzer braucht das Land** (nicht Gehirn-Besitzer, die es nur im Schädel spazieren tragen).

Wenn wir also begreifen, daß wir möglichst viel lernen wollen, **weil** jeder Wissens-Faden uns hilft, sowohl unser Denken als auch weiteres Lernen zu vereinfachen, dann erhebt sich die Frage, **was** wir eigentlich **lernen** sollen/wollen?

- Fakten von Geschichte über alle möglichen „Kunden" (Erdkunde, Religionskunde etc.) kann man leicht „schmackhaft" machen (dieses Buch zeigt jede Menge Wege, um sie SPIEL-erisch zu lernen).
- Tätigkeiten (von Wurzelziehen über Klavier- oder Ballspielen) muß man trainieren – es handelt sich also um einen Lernvorgang durch aktives Tun (eben das Training). Aber:
- Definitionen und Formeln, das ist eine ganz andere Sache.

2. Kapieren oder nicht kapieren – das ist hier die Frage!

Definitionen und Formeln, die man nicht verstanden hat, sollte man niemals pauken! Die Harvard-Professorin Ellen J. LANGER vergleicht das „dumme" Büffeln mit Paketen, die man „schlucken" wolle, statt sie aufzumachen und hineinzusehen. So sind manche Definitionen tatsächlich „dicke Brocken", die uns dann schwer und unverdaulich „im Magen liegen".

Nun ist es ja nicht so, daß Menschen sich das freiwillig antäten, wenn sie einen besseren Weg wüßten (den Sie jetzt gleich hier erfahren werden!). Nachdem man ins öde Büffeln **flüchtet**, weil man die Definition/Formel nicht versteht, erhebt sich die Frage: Wie können wir sie begreifen? Bitte nehmen Sie noch eine wichtige Tatsache zur Kenntnis: Wenn wir etwas verstehen (z.B. einen Absatz, den wir gerade lesen), dann können wir sagen: Wir KONSTRUIEREN die Botschaft (in unserem Kopf). Wir lesen, begreifen und müssen das Begriffene in unser vorhandenes Wissens-Netz einsortieren. Dies ist eine Handlung, eine Aktivität – im Gegensatz zum passiven Konsumieren von Botschaften, bei langweiligen Passagen im (Frontal-)Unterricht. Merke:

> Nur was wir einmal KONSTRUIERT haben, können wir später wieder RE-KONSTRUIEREN.

Dies geht natürlich nicht, wenn wir verschlossene Pakete „schlucken", da haben wir **nichts** konstruiert, demzufolge können wir später auch **nichts re-konstruieren** (= wiedergeben). Wir haben nun zwei Möglichkeiten: Wir können cool oder uncool vorgehen. Cool (effizient) bedeutet in unserem Zusammenhang:

> Cool: **erst** kapieren, **dann** merken.

Gegensatz: krampfhaft merken wollen, was man nie kapiert hatte.

Worin besteht der Unterschied zwischen offenen und geschlossenen Paketen? Bei offenen kennen wir den INHALT, bei geschlossenen haben wir nur die äußere FORM gespeichert (länglich, rechteckig, ...). Wenn wir es immer und immer wieder aufsagen, prägt sich irgendwann das **Klangbild** der Worte ein, aber das ist nur die **Verpackung**. Dasselbe gilt, wenn wir es so oft **schreiben**, bis sich die **Schrift-FORM** eingeprägt hat. Begriffen haben wir noch immer so gut wie nichts.

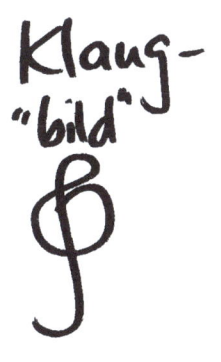

Gut, sagen Sie jetzt, fein, aber was soll ich machen, wenn ich eine Formel oder eine Definition einfach nicht kapieren kann? Nun, dann stelle ich Ihnen eine Gegenfrage: Angenommen Sie wollen wissen, wie man beim Handy die Nummern der Freunde einspeichert. Nehmen wir weiter an, drei Ihrer Freunde besitzen dasselbe Handy. Sie fragen den ersten. Wenn er es weiß, sind Sie zufrieden. Aber wenn er es zwar selber tun kann, aber Sie verstehen seine Erklärung **nicht**, was dann? Dann bleibt das **Paket verschlossen**. Frage: Werden Sie seine Erklärung jetzt etwa stur auswendig lernen?

Natürlich nicht, Sie wollen ja hinterher **handeln** können. Sie wollen es wirklich wissen, nicht wahr? Also, was tun? Natürlich, **Sie fragen die anderen beiden**.

Selbst wenn keiner von ihnen es besser erklären könnte, was täten Sie dann? Geben Sie deshalb auf? Sagen Sie: „Es wäre echt toll gewesen, wenn ich die Nummern meiner Freunde hätte einspeichern können. Jetzt muß ich die wohl auswendig lernen und jedesmal wieder eintippen!" Natürlich ist das Quatsch.

> Wenn wir etwas nicht kapieren, es aber wissen wollen, dann suchen wir uns jemanden, der es weiß.

Und noch etwas ist wichtig: Vielleicht ist keine der drei Erklärungen perfekt, aber wenn Sie mit dem dritten Freund reden, wissen Sie schon ein wenig, so daß Sie so manches zu kapieren beginnen, auch wenn seine Erklärung nicht die beste ist. Und genau darum geht es! Wenn wir eine Erklärung (egal wozu und worüber) erhalten, verstehen wir ganz, teilweise oder gar nicht. Das erste, was Sie lernen sollen, ist bewußt zu registrieren, ob Sie „ganz gut" oder „gar nicht" kapieren. Je weniger Sie verstehen, desto größer ist die Gefahr, daß Sie sich selbst die Schuld geben könnten, aber das ist Unsinn. Merke:

> Jeder, der eine Erklärung abgibt, geht (unbewußt) immer vom **eigenen** Wissens-Netz aus.

Er benutzt Fäden, die er im Netz hat. Seine Erklärung ist um so leichter für andere, je mehr gleiche Fäden diese ebenfalls besitzen. Merke:

> - Im **besten** Fall verstehen Sie alles,
> - im **schlimmsten** Fall begreifen Sie nichts. Aber
> - auf **jeden** Fall ist es keinesfalls Ihre Schuld!

Lernen Sie zu tun, was Sie immer tun, wenn Sie etwas „echt wissen wollen": ==Zapfen Sie eine andere Wissensquelle an, wenn eine unverständlich ist.== Ob diese Quelle ein Lehrer ist oder ein Textbuch, ein Chef, ein Lebenspartner, ein Verkäufer oder Berater ... Gerade Berater können so fachchinesisch daherreden, daß ihnen sogar „Fachspanier" nicht folgen können (denen kommt es spanisch vor)!

Also halten wir fest: Faktenwissen sollten Sie möglichst AKTIV wahrnehmen!

Ball-im-Tor-Effekt (Betreff: sofortiges Feedback)

Beginnen wir mit einem kleinen Spiel. Bitte folgen Sie den Anweisungen (gern auch mit Hilfe des Taschenrechners), und staunen Sie ein wenig.

Denken Sie sich eine **Geheimzahl**, aber nehmen Sie eine **gerade** Zahl. Eine **geheime gerade Zahl**.

1. **Addieren** Sie „plus 18": + 18
2. **Verdoppeln** Sie: × 2
   Jetzt folgt eine Teilung, aber ich verspreche Ihnen, ohne Rest.
3. **Teilen** Sie durch 4: : 4
4. **Ziehen** Sie **die halbe Geheimzahl** ab: − 1/2 GZ

Wenn Sie und ich alles richtig gemacht haben, ist Ihr Ergebnis nun 9 — unabhängig von der Geheimzahl, mit der Sie gestartet sind. Wollen Sie es noch einmal versuchen? Mit einer anderen Geheimzahl?

1. **Addieren** Sie „plus 8": + 8
2. **Verdoppeln** Sie: × 2
   Jetzt folgt eine Teilung, aber ich verspreche Ihnen, ohne Rest.
3. **Teilen** Sie durch 4: : 4
4. **Ziehen** Sie **die halbe Geheimzahl** ab: − 1/2 GZ

Diesmal ist Ihr Ergebnis 4. Falls Sie herausbekommen wollen, wie es geht, könnten Sie mehrmals Variante 1 durchrechnen (mit verschie-

[Handschriftliche Notiz am Rand: über die Lösung reden wir noch (bitte etwas Geduld)]

46 Ball-im-Tor-Effekt

Wenn ich Ihnen am Tisch gegenüber säße, könnte ich die Lösung aufschreiben, wenn Sie die erste Zeile berechnen, egal ob Sie eine kleine Geheimzahl oder eine vierstellige wählen.

denen Geheimzahlen), dann testen Sie mehrmals Variante 2 – und irgendwann merken Sie (durch den Vergleich), wie es geht. Falls Sie es nicht aushalten, ich verrate das Geheimnis noch (s. Seite 48).

Worum es jetzt geht, ist dies: Nehmen wir an, Sie sollen (wollen) einfache Rechenoperatinen üben (plus, mal und geteilt durch – aber ohne Rest). Wenn Sie normal rechnen, erfahren Sie leider nicht sofort, ob Ihr Ergebnis stimmt. Bei klitzekleinen Zahlen ist dies natürlich „null Problemo", aber wenn Sie mit vierstelligen Zahlen beginnen, dann hätten Sie vielleicht doch lieber Gewißheit? Anders ausgedrückt: Je unsicherer wir sind, desto mehr Übung täte Not, aber desto wichtiger wäre eine Erfolgskontrolle auch.

Nun vergleichen Sie dies mit der Art, wie Sie eine Sportart lernen: Ob Sie einen Fußball ins Tor kicken oder einen Basketball in den Korb werfen – Sie sehen immer, ob der Ball im Tor ist. Und Sie sehen es unmittelbar – nicht nach einer Probe (die „beliebte" Multiplikationsprobe bei der Division, grrrrrrrrrrrrr!). Nein, im Sport sehen Sie es sofort. Und Sie sehen weit mehr, nämlich ob Sie dazu neigen, den Ball etwas zu weit links oder rechts zu plazieren (und ähnliches). Das heißt Sie können sowohl sehen, wie gut Sie arbeiten, als auch begreifen, wo Sie wie korrigieren müßten, wenn Sie besser werden wollen.

Und das ist der Neuro-Mechanismus, von dem wir sprechen. Wir wurden genetisch darauf programmiert; ich nenne es (in Anlehung an jedes Ballspiel): **Ball-im-Tor.**

Nachdem Lehrpersonen oft extrem unbeholfen darin sind, Ball-im-Tor-Effekte© für ihre Klienten zu erzeugen (jawohl, auch **Schulkinder** sind **Klienten** von Personen, ohne die sie nämlich arbeitslos wären!), müssen wir hier leider häufig zur Selbsthilfe greifen! Das gilt in besonderem Maß für (junge) erwachsene Selbstlernende:

> SELBSTLERNER können Verantwortung für ihren Lern-Vorgang übernehmen, wenn ihre Lehrkräfte, TrainerInnen, Coaches etc. ihnen helfen, einen **Ball-im-Tor-Effekt©** zu schaffen, wann immer sie eine neue Sache angehen wollen (oder müssen).

Ein konkretes Beispiel zum Rechnen mit Ball-im-Tor-Effekt© finden Sie im Merkblatt „FIBONACCI" (Seite 149ff.).

> Es dürfte klar sein, daß das Entwickeln von Ball-im-Tor-Effekten eine vorrangige Aufgabe von Lehrkräften sein muß (egal ob wir Kinder oder Erwachsene unterweisen).

Ball-im-PC-Tor?

Gottseidank werden in Zukunft immer mehr PC-Programme erscheinen, mit denen zumindest Einsteiger ein wunderbares erstes Feedback erhalten. So gibt es heute bereits Programme, mit denen man seine **Fähigkeit zu singen verbessern kann**. Das Programm zeigt ständig eine Grafik, auf der wir verfolgen können, wie gut wir den gesuchten Ton getroffen haben. Das Programm prüft noch einige andere Aspekte und ist nur ein Beispiel von Tausenden, die in den nächsten Jahren erscheinen werden.

> Denken Sie nur an SIMULATOREN – früher kosteten die billigsten Millionen von Dollars, heute können Sie für einige Euro einen Flug-Simulator am PC laufen lassen.

Natürlich ist das noch nicht ganz „real", aber real genug, um später beim echten Fliegen einige Stunden weniger zu benötigen. Genug, um erste Erfahrungen zu machen, bei denen man einfach herumprobieren kann, ob einem die Sache überhaupt liegen könnte! Genug, um eine erste Vorstellung davon zu bekommen, worum es bei der Sache geht.

Inzwischen gibt es auch schon erste PC-Programme, die einem **Simulator** noch näher kommen, da sie mit Hilfe von **Hardware-Add-Ons** noch realistischer werden, z.B.:
- **Autofahren**: Sie erhalten Lenkrad und Pedale, deren Werte ständig in den PC zurückgefüttert werden. Das Resultat erleben Sie dann, indem der Wagen sich seitlich bewegt, stoppt, ...
- **Tanzschritte lernen**: Sie erhalten eine Matte, die Sie wie einen Teppich auf den Boden legen. Diese registriert Ihre Schritte. Das

Es ist Ihnen sicher aufgefallen, daß ich die Schieß-Spiele NICHT als positives Vorbild aufzähle, aber wir wissen inzwischen, wie erschreckend hoch ihr Trainings-Wert ist!

Bild am PC zeigt Ihnen, wie nah/fern von der Stelle Sie sich bewegen, die angestrebt wird. In kürzester Zeit können wir so auch komplexe Tänze lernen.

• **Fitneß**: Ob Sie durch wählbare Gegenden **radeln** oder auf einem **Laufband laufen**, neue Programme erlauben nicht nur abwechselnde Szenarien, sondern reagieren auch in anderen Aspekten ziemlich real (Untergrund hart/weich, Steigungen) etc., während Sie uns Feedback über biologische Funktionen (Herzschlag etc.) geben. Einige zeichnen die täglichen Strecken auf, mit Kilometerständen und Kalorien etc., somit ersetzen sie bis zu einem gewissen Grad den Personal-Trainer, den sich viele nicht leisten können.

Und das ist nur der Anfang!

Auflösung zu Seite 45 (Geheimzahl):

Die Geheimzahl ist immer die Hälfte der in Schritt 1 hinzuzuzählten Zahl. In unserem Beispiel die halbe 18 (= 9) bzw. die halbe 8 (= 4).

DANKE fürs Warten: die Lösung

Da der Ball-im-Tor-Effekt© besonders wichtig ist, wenn wir **Verhalten** lernen wollen, braucht es vor allem „eine neue Denke"; ich könnte mir einen zukünftigen Beruf vorstellen: Ball-im-Tor-Designer. Was meinen Sie?

Übrigens: Sollten Sie einen Ball-im-Tor-Effekt© bei einer Lern-Aufgabe für unmöglich halten, dann fragen Sie mich. Stellen Sie Ihre Lernaufgabe KURZ in unserer WANDZEITUNG vor (auf der **Homepage** von **www.birkenbihl.de**) und ich werde Ihnen antworten. Geben Sie bitte **immer** eine Telefon-Nummer an, unter der Sie TAGSÜBER (vor allem mittags) erreichbar sind, falls ich **Rückfragen** stellen muß, ehe ich antworten kann (diese Telefon-Nummern landen natürlich niemals in der Wandzeitung, nur bei unserer Redakteurin und mir). Ich habe noch keine Frage kennengelernt, bei der ich den Betroffenen nicht **einen weit leichteren Zugang** vorschlagen konnte (falls es mal kein „echter" Ball-im-Tor-Effekt© sein konnte, aber das ist die Ausnahme!)

Beiläufiges Lernen

Als ich die Idee (Lernen als SPIEL) entwickelte und betonte, daß Lernen „passiert", entdeckte ich etwas WESENt-liches ...

Ab 7 Punkten:

Lernen passiert einfach immer

(bei)

Spannung!

(bei) Spannung — „SPIEL" — Lernen passiert einfach immer — Spannung erzeugt Interesse

Das Schlüsselwort der Forschung zu Lernen besagt nämlich inzwischen, daß Lernen in der „freien Natur" eher **BEILÄUFIG** geschieht, **während wir Dinge tun, Probleme lösen**, Aufgaben erledigen etc. Einer der Autoren, die diesen Standpunkt vertreten (KRASHEN) vergleicht dies mit einem großen Shopping-Center: Sie waren zigmal dort, Sie haben Hunderte (vielleicht Tausende) von Infos, Fakten etc. über dieses Center gelernt: wo es sich befindet, wie man hinfindet, wo man parkt, wo man besser parkt, wo man eine bestimmte Art von Dingen kaufen kann (z.B. Lebensmittel oder sperrige Güter), wo man telefonieren kann (das war vor den Handys), wo sich Toiletten befinden (und welche sauberer sind), welches der drei italienischen Restaurants unserem Geschmack am besten entspricht, ob wir den Fitneß-Bereich nutzen wollen, und und und. Stellen Sie sich vor, all das wäre Lernstoff und via Unterricht und Prüfungen „erlernt" worden – könnten Sie dann dort erfolgreich einkaufen gehen? Eben! Weil Lernen in Wirklichkeit nebenbei „passiert". KRASHEN stellt auch fest, daß der eigentliche Lernprozeß, wegen dieser Beiläufigkeit, de facto UNSICHT-BAR wird und daß deshalb echtes beiläufiges Lernen Welten getrennt

Erinnerung:

SHOP-PING = Lernen

yeah! ☺

*inci-
dental
=
bei-
läufig
neben-
bei
zufällig*

ist von den Techniken, die man in der Schule anbietet, um „Lernen" auszulösen. Dieses **BEILÄUFIGE LERNEN** (der Fachausdruck lautet INCIDENTAL, im Deutschen könnten wir von „koinzidentalem Lernen" sprechen) wird durch verkrampfte Versuche, Lernen in Isolation zu „erzeugen", vollkommen ver-UNMÖGLICH-t.

> INCIDENT: Der Begriff kann sowohl mit „Zufall" als auch mit „Er-LEB-nis" übersetzt werden; INCIDENTAL bedeutet „beiläufig", „nebenbei". Wir kennen den Begriff im Deutschen als Fremdwort (Koinzidenz = etwas ereignet sich „ko", das heißt mit, parallel, gleichzeitig mit etwas anderem), also könnten wir sagen: **Lernen = eine Koinzidenz, sie geht mit etwas einher, kann also nicht alleine stehen.**

Sie finden hier in Modul 1 viele der Aspekte, die es uns erlauben, daß wir eine Tätigkeit „tun" (z.B. eine Variante von Stadt-Land-Fluß, ein WISSENs-Quiz- oder ein anderes Frage-Spiel spielen), bei welcher Lernen INCIDENTALLY „passieren" kann. Das heißt: Es gibt viele Möglichkeiten, „Shopping-Center" zu erzeugen, so daß durch „Herumlaufen und Kaufen-Wollen" beiläufige Lern-Effekte entstehen. Das ist das Ziel der doppelten Checkliste, solche Situationen zu erzeugen.

S. Hinweis Seite 155.

Neulich erstellten der Leiter unseres Zitate-Forums und ich eine ABC-Liste von Situationen, in denen eine Menge BEILÄUFIGES LERNEN stattfindet, und wir stellten fest: So gut wie alles passiert AUSSERHALB von Schulen.

☺ *INCIDENTales LERNEN ist TOLL!!!*

1. Ausstellungen
2. Baukästen
3. Brett-Spiele
4. Computer
5. Chemie-Baukästen
6. Comics (Asterix)
7. Dokumentationen
8. DVD-Filme (mehrsprachig)
9. Expeditionen (Berichte)
10. Fernsehen
11. Filme
12. Gartentips
13. Gottesdienst (Predigt)
14. Heimwerken
15. Haustiere (Hund)
16. Imitation
17. Identifikation mit Leuten, die wir mögen (und von denen wir deshalb lernen wollen)
18. Internet
19. Joggen (Selbst-Disziplin, Ausdauer)
20. Kino
21. Kochtips
22. Konzerte
23. Lesen
24. Museumsbesuche
25. Malerei
26. Musik (hören, musizieren)
27. Neuromechanismen aktivieren
28. Naturphänomene (Mondfinsternis)
29. Oper
30. Predigt
31. Physik-Baukästen
32. Planetarium
33. Quiz-Sendungen
34. Reiseplanungen
35. Rezepte
36. Spiele
37. Serien im Fernsehen sehen (und viel beiläufig lernen, z.B. Star Trek, Shogun)
38. Sport
39. Theater
40. Urlaubsplanungen
41. Vorträge
42. Weisheiten
43. Zoo-Besuche

(© BAILLIEU/BIRKENBIHL 2003)

Definitionen-Detektiv-Spiel

Ein wichtiger Kultur-Kritiker, Neil POSTMAN, wies auf eine Schwäche des klassischen Schul- und Ausbildungssystems hin. Er sprach von Amerika, aber den Schuh müssen wir uns auch anziehen.

POSTMAN wies darauf hin, daß wir so tun, als würden Erklärungen und Definitionen an Bäumen wachsen. In anderen Worten:

1. Wir bedenken nicht, daß jede Definition von einer **Person** erfunden wurde (meist wissen wir nicht, wer es war).

2. Ebenso übersehen wir, daß jede Definition einen bestimmten **Zweck** erfüllen soll. (Die Industrie möchte Grenzwerte von Giften traditionell viel höher „anlegen" als Organisatinen, die Menschen schützen wollen. Meist siegen die mit der stärkeren Lobby, aber der Laie meint dann, diese Schadens-Definition sei „wissenschaftlich".)

3. Wir ahnen **nicht**, was der Erfinder **noch weiß**. Wenn Sie einige der Spiele in diesem Buch als Trainingsaufgaben angehen, dann werden Sie immer wieder feststellen, wie stark Ihr Wissen „hineinspielt" bzw. daß verschiedene Menschen mit unterschiedlichen Vorkenntnissen eine Aufgabe ganz anders angehen. Spielen Sie öfter LULL'sche Leitern (s. Seite 29ff.) und Sie werden sich wundern! Dies gilt auch bei Erklärungen und Definitionen: Jeder Erfinder einer solchen benutzt sein spezielles Wissens-Netz und findet oft alles, was er weiß, so „selbstverständlich", daß er diese Aspekte nie in Frage stellen kann.

Der dritte Punkt ist sehr wichtig, denn er ist der Grund dafür, daß SchülerInnen (Azubis, MitarbeiterInnen) die Erklärungen von belehrenden Personen oft nicht verstehen können. Solange man nun den Fehler macht, zu glauben, der Lernende sei „schuld", zweifelt man nicht an der Qualität der Erklärung (weil man am Lernenden zweifelt). Fazit:

> Wenn Sie eine Erklärung oder Definition nicht verstehen, arbeiten Sie wie ein Detektiv oder Wissenschaftler und untersuchen Sie a. jedes einzelne Wort und b. seine Bedeutung in diesem spezifischen Satz. Sehen Sie es als Rätsel an!

Viele Erklärungen und Definitionen wurden **verfrüht** festgelegt und danach nicht in Frage gestellt oder wieder geändert, auch wenn neue Erkenntnisse die Definition bereits ad adsurdum geführt hatten. Das ist übrigens einer der Gründe, warum ältere WissenschaftlerInnen oft so stur an altem (vertrautem) Wissen festhalten: Sie können ihre Erklärungen nicht mehr in Frage stellen. Deshalb meinte Max PLANCK, einer der Mitbegründer der Quantenphysik (nach dem die Max-Planck-Institute benannt wurden): Neue Theorien setzen sich nicht etwa durch, weil die alte Garde Altes in Frage stellt, sondern weil die Alten aussterben und eine neue Generation die Chance hat, Neues zu testen.

Definitionen vergleichen (Technik)

Dies ist eine **Variation des Zitate-Spiels**, nur daß wir mit Definitionen arbeiten statt mit Zitaten (bitte erst „Zitaten-Spiel" lesen, Seite 116ff.). Dieses Spiel kann auch als lustiges Gruppen-Spiel gespielt werden, wie die TV-Sendung *Genial daneben* zeigt. Aber selbst wenn wir tatsächlich nur vorhandene Definitionen vergleichen, ergeben diese doch in kürzester Zeit ein wesentlich klareres Bild dessen, worum es geht. Es hilft uns, uns vom Textbuch zu lösen (insbesondere wenn Lehrkräfte den Eindruck erwecken, es gäbe nur dieses).

S. unten, Seite 54ff.

Ver-FREMD-en von Definitionen

Besonders spannend kann auch die **Teekessel-Variante** sein, d.h. ein **Lücken-Text**. Wir stellen einige Definitionen zum selben Begriff nebeneinander, machen allerdings diesen einen Begriff (um den es ja geht) in allen Definitionen zur Lücke (zum TEEKESSEL). Nun können wir mit einigen Freunden spielen und diese raten lassen. Am Ende sind wir höchst vertraut mit dem Material und können im Textbuch weitermachen.

SPIEL: TEE-KESSEL

Beispiel:
1. Das ... ist die kleinste Einheit einer Verbindung, die noch immer die Eigenschaften der Verbindung besitzt.
2. Das ... besteht aus mindestens zwei Atomen. Es ist ein nach außen neutrales kleinstes Teilchen eines Stoffes. (PS: Der Begriff „Stoff" ist in diesem Zusammenhang fraglich, so stand es in einem Text-

buch, aber durch den Vergleich mit den anderen Definitionen wurden die SchülerInnen nicht nachhaltig verwirrt!)
3. (Plural): ...e sind entweder aus gleichartigen Atomen, z.B. Wasserstoff, Sauerstoff, Phosphor und Schwefel, oder sie bestehen aus verschiedenartigen Atomen, z.B. organisch-chemischen Verbindungen.
4. Ein ... ist ein fest verknüpfter und abgeschlossener Verband aus mindestens zwei zusammenhängenden Atomen.

Die **Lösung**:
Molekül(e)

Na, haben Sie es erraten?

Sie sehen, es wird gleich weit spannender, wenn wir mehrere Definitionen vergleichen! Neil POSTMAN weist darauf hin (s. Seite 52), daß Definitionen von Menschen produziert werden und daß so mancher ein klares Ziel damit verfolgt, welches die Definition maßgeblich „verseuchen" kann. So wird ein Industrieller den Begriff „Schadstoff" ganz anders definieren als ein Politiker der Grünen oder ein Konsumentenschützer, nicht wahr? Durch das Definitions-Spiel werden Sie weit flexibler im Umgang mit sogenannten „sachlichen" Erklärungen umgehen können, weil Sie immer wieder feststellen, wie wenig sachlich korrekt viele sind.

Viel Ent-DECK-er-Freude (ent-DECK-en, d.h. DECKel heben und spannende Dinge finden)!

Definitions-Vergleichs-Spiel (vgl. *Genial daneben*)

GENIAL DANE- BEN??

Wenn Sie die Sendung *Genial daneben* kennen, dann wissen Sie, wie es geht: Jemand übernimmt die Rolle des Spielleiters (das kann im Gegensatz zur Sendung jedesmal ein/e andere/r SpielerIn sein). Der Spielleiter präsentiert den Begriff, um den es geht, der geraten (bzw. definiert) werden soll und jetzt denken alle laut.

Beispiel: Was ist ein Kippfenster-Syndrom?

Die Gruppe begann beim Fenster und überlegte, ob es etwas damit zu tun haben könnte, daß sich Kippfenster öfter mal aushängen, weil der Schließmechanismus so kompliziert ist. Dann tauchten Hypothesen auf, wie z.B.:

- **Nackenschmerz** wegen Kippfenster (das sich **hinter** einer Person befindet).
- **Frauen** in den **Wechseljahren** (mit fliegenden Hitzen), wollen das Fenster auch bei 40 Grad minus gekippt haben.
- **Ein Name:** Der Arzt Dr. Alfons A. Kippfenster ... (wie Rohrschach-Test) ...?

Dann tauchte die Frage auf, ob es sich um ein **Phänomen aus der Tierwelt** handeln könnte. Dies wurde **bejaht**. Nun rieten die Spieler wieder wild (Vögel, Reptilien, Quallen, Bienen, ...), schließlich fragten sie „Sind wir in der **Tierwelt**?", worauf der Spielleiter meinte „Nein, aber in der **Tiermedizin**" und an dieser Stelle löste er das Rätsel auf: Wenn eine Katze versucht, durch ein Kippfenster nach draußen zu kommen, aber hängenbleibt und sich die Weichteile quetscht, dann sprechen Tierärzte vom „Kippfenster-Syndrom".

Auch wenn wir keine Komiker in der Raterunde haben, macht diese Art von Rätselraten viel Spaß: Durch das „wilde Raten" werden so viele **Assoziationen** in allen ausgelöst, daß die Gruppe erstaunlich oft die Lösung „findet" bzw. ihr recht nahe kommt. Selbst wenn nicht (wie beim Kippfenster-Syndrom), so hat man das Thema aus so vielen verschiedenen Blickpunkten erörtert, daß man sehr **offen** wird für die „richtige" Erklärung, wenn diese vom Spielleiter geliefert wird. Aber wir sollten den Begriff „richtig" sicherheitshalber in Gänsefüßchen setzen, weil wir die **offizielle** Erklärung, wenn sie im Raum steht, durchaus kritisch betrachten wollen. Beim Kippfenster-Syndrom können wir die Definition sicher „gelten lassen", aber bei Themen, bei denen jemand seine „Politik" einfließen lassen könnte (z.B. Schadstoff-Grenzwerte, vgl. Seite 52), sollten wir jetzt auf alle Fälle auch darüber reden.

Handschriftliche Randnotizen: GENIAL DANEBEN; Fall-bei-spiel; tolle Assoziationen :)

Variante Schreiben

Jede/r **schreibt** seine Erklärung/Definiton auf, anschließend werden alle vorgelesen und verglichen. Nun kann geraten werden, welche Definition wohl „richtig" sein soll.

Diese Version kann man auch per e-mail (Fax) spielen, dann spielt jeder allein mit den Texten der anderen, die per e-mail kamen (gefaxt wurden).

Denken Sie daran auch Begriffe einfließen zu lassen, deren Definitionen (Erklärungen) Sie bereits gut zu kennen glauben. Es mag Sie überraschen, welche neuen Aspekte die Gruppen-Diskussion (bzw. die Kommentare der anderen als e-mail) zutage fördern, die das Thema wunderbar an-REICH-ern können!

Variation: Demokratische Definitionen©

Eine ausführlichere Erklärung dieser Variante befindet sich in meinem Büchlein *Intelligente Party-Spiele*.

Normalerweise versuchen wir zu raten, welche Definition (Erklärung) „stimmt", aber in dieser Variante stimmen wir darüber ab, welche wir **besonders interessant** finden. Hier siegen nicht die „richtigen", sondern **originelle** Lösungen. Diese Variante nenne ich Demokratische Definitionen©.

Ent-DECK-en

Wenn Sie nichts zu ent-DECK-en haben, ist das, was Sie tun, kein echtes lebendiges Lernen (für das unser Gehirn prädestiniert ist), sondern Sie laufen Gefahr zu Pauken (das ist Pseudo-Lernen aus dem Mittelalter!). Also, aufgepaßt: Wie können Sie etwas Ent-DECK-erisches hineinbringen in den Prozeß? Können Sie kryptisieren (ver-FREMD-en), z.B. durch Lücken-Texte? Können Sie mit WORT-Bildern spielen? Wie steht es mit ABC-Listen und anderen assoziativen Maßnahmen? Dann bekommen sie Kügeli und es macht gleich wieder Spaß!

FRAGEN als Lernhilfe? Aber klar!

Beginnen wir mit einem Mini-Quiz:
1. Erinnern Sie sich an Frage-Spiele aus Ihrer Kindheit?
   ❒ Ja ❒ Nein   Bei JA: Welche?

2. Wann hörten sie auf, diese Spiele regelmäßig zu spielen? Bitte die Jahreszahl eintragen: _____

3. Warum haben Sie damit aufgehört?

4. Wenn Sie wüßten, daß solche Spiele nicht nur Kindern helfen, ihr Denken maßgeblich zu verbessern, wären Sie interessiert?
   ❒ Klar doch   ❒ Nein

Wir alle haben Frage-Spiele gespielt und wissen, was die Gehirn-Forschung auch herausgefunden hat: Fragen öffnen den Geist, während Aussagen ihn schließen, wenn sie uns zufällig gerade nicht gefallen. Aber eine Frage, selbst wenn sie uns nicht „paßt", bewirkt doch eines: daß wir zu denken beginnen! Deshalb ist es so schlimm, daß die Fähigkeit zu Fragen, nach Neil POSTMAN das wichtigste Denk-Instrument der Menschheit, an öffentlichen Schulen (weltweit) weder gefördert noch wirklich trainiert wird. Deshalb müssen wir es uns selber beibringen. Und da Fragen nicht nur das Denken, sondern auch das Lernen ermöglichen, fangen wir hier zwei Fliegen mit einer Klappe. Beginnen wir ganz einfach:

Frage-Spiele, Stufe 1: KATEGORIEN-DENKEN

„Ich sehe was, was du nicht siehst, und das ist ..." Hier üben wir nach Dingen (Aspekten) zu forschen, die z.B. ROT sind, ECKIG, LEBEND oder ... Das schult das Denken (nicht nur von Kindern). Wir können auch Aspekte unseres Lernstoffes fragend spielen, indem wir sagen: „Ich denke an etwas, nämlich ..." (die Lösung kann dann z.B. eine Jahreszahl, ein Name in Geschichte oder ein Prozeß in Biologie usw. sein).

Frage-Spiele, Stufe 2: Ja-/Nein-Rätsel-Spiele

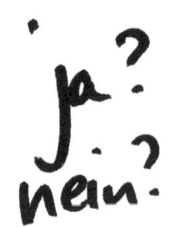

Hier gilt es, durch Ja-/Nein-Fragen Informationen von jemand zu erfragen, der/die sie besitzt (in diesem Fall die Person, die als SpielleiterIn fungiert). Einsteiger antworten nur Ja und Nein, Fortgeschrittene sollten einen Schritt weiter gehen und zwei weitere Antworten hinzunehmen: „Jein" (wir sagen APFELKUCHEN, da sich „Jein" auf „Nein" reimt, was zu Hörfehlern führen kann); mit dem „Jein" wird das Denken um einiges differenzierter. Die vierte Antwort lautet „Ich weiß es nicht". Nehmen wir an, ich will Sie die Brille von Michael (in der Raterunde) erraten lassen und jemand fragt, ob das zu ratende Ding aus Plastik besteht. Nun, ich hatte die Brille gesehen und weiß, daß Teile davon Plastik sind, aber ein Teil ist ja Glas, also sage ich APFELKUCHEN. Fragt nun aber jemand, ob es auch Metall gibt und ich merke, daß ich das genaugenommen gar nicht weiß (es gibt ja auch Plastikscharniere), dann sollte ich lieber „Ich weiß nicht" antworten, als auffällig auf die Brille zu sehen.

Wenn die Gruppe noch mehr fortgeschritten ist, möchten Sie vielleicht eine Variante von Neil POSTMAN spielen, bei der die Gruppe nicht „wild herumfragt" (wie das meist üblich ist), sondern erst entscheidet, ob sie eine Frage „einloggen" will. Auf diese Weise muß man nämlich die strategisch guten Fragen von irgendwelchen Fragen trennen – ab diesem Zeitpunkt wird das Fragen zu einem echten Denk-Tool!

So wie wir lesen lernen, indem wir schreiben (s. Seite 76f.), so lernen wir fragen, indem wir antworten (aber wir müssen dasselbe Rätsel immer wieder beantworten).

Und noch etwas: Am meisten über das Fragen lernt nicht wer fragt, sondern wer antwortet! Angenommen Sie wählen eine Rätsel-Story, die Sie besonders mögen und lassen im Lauf der Zeit möglichst viele Menschen raten (gern auch einzeln). Je häufiger Sie die Fragen hören, desto eher begreifen Sie auf der strategischen Ebene, wie „gut" die Frage wirklich ist!

Frage-Spiele, Stufe 3: WQS

S. Seite 108ff.

Grammatik spielen? Aber ja doch!

Es ist seit langem bekannt, daß Grammatik „tun" (das heißt grammatikalisch korrekt sprechen und schreiben) eine ganz andere Fähigkeit darstellt als die Analyse von Grammatik (was im Grammatik-Unterricht erlernt werden soll).

Ebenfalls bekannt ist seit Jahrzehnten, daß gerade Menschen, die **Sprache hervorragend beherrschen**, nicht immer dieselben sind, die in Grammatik-Übungen besonders gut abschneiden (und umgekehrt). Ähnliches gilt für alle Bereiche: Es gibt solche, die gut über das Verkaufen reden können, und solche, die gut verkaufen! Deshalb heißt es z.B. in Amerika leicht boshaft: He who can, does, he who cannot, teaches (wer es kann, tut es, andere lehren es). Manchmal frage ich mich, ob manche Grammatik-Fans die Analyse der Grammatik oder ihre Sprache gemeistert haben (die meisten schreiben keine oder nur sehr trockene Bücher).

Des weiteren wissen wir, daß LehrerInnen den Grammatik-Unterricht trotzdem lieben, da er leicht zu erteilen und zu benoten ist (vgl. KOHN: *Punished by Rewards* und: *The Schools Our Children Deserve*, s. Literaturverzeichnis). Daher habe ich einige Sprach-Spiele erfunden, mit deren Hilfe man das nötige Sprachgefühl entwickeln kann, ohne Grammatik zu „pauken". In einem Fall gehen wir wieder von einem bekannten „Kinderspiel" aus, im anderen von einer Technik, die zu Hause weit mehr Spaß macht als im Unterricht, weil wir frei herumprobieren dürfen (vgl. *Lückentext-Spiele*, Seite 77ff.). Aber nun zum Kinderspiel:

Wir nahmen jede/r ein Blatt Papier QUER, das in mehrere Spalten eingeteilt wurde. Jede Spalte wurde mit einem Begriff „gefüllt". Dann faltete man das Blatt so, daß der nächste Spieler nicht sah, was man eingetragen hatte. Nun gab jede/r das Blatt an den Nachbarn zur Rechten weiter und schrieb einen Begriff in die nächste Spalte. Dann wieder knicken und weitergeben, bis alle Spalten gefüllt waren. EinsteigerInnen beginnen mit weniger Spalten als Profis, z.B.:

Genaugenommen sind sogar andere Areale im Gehirn zuständig, vgl. SPITZER, Manfred: *Lernen* (s. Literaturverzeichnis, Seite 156).

WER oder WAS?	TUT	wie?
Opa	hüpft	leise
Der Nachbar	schwimmt	schlafend

Das wirkt so komisch, weil jede Ver-FREMD-ung von Vertrautem zunächst immer unsere Aufmerksamkeit erregt (neurologisch). Auch wenn wir dies früher nicht genau wußten, üben wir hier konkret Grammatik. Übrigens erstellen wir solche Spiele, indem wir das eine oder andere (langweilige) Beispiel aus dem Buch nehmen und daraus ein Spaltenspiel basteln. Wir können sogar als Überschrift über jede Spalte den offiziell gefragten Satz-Analyse-Begriff (SUBJEKT – OBJEKT – PRÄDIKAT) oder den Begriff der Wort-Analyse schreiben (SUBJEKT – VERB – ADJEKTIV).

Wir können auch 4 Spalten spielen, indem wir eine Kategorie hinzufügen = die sogenannte Adverbiale der Zeit (wann?) oder des Ortes (wo?):

Onkel Willi	lag	wütend	in der Suppenterrine	= Adverbiale des **Ortes**
Der Lehrer	trommelt	höflich	frühmorgens um 3 Uhr	= Adverbiale der **Zeit**

Vielleicht sollen wir bei einer Übung begreifen, daß manche Wörter immer ein Objekt „fordern", dann spielen wir eben die extra Spalte (nach dem Motto: Es darf keine frei bleiben).

Fehler sind erlaubt, zeigen sie doch sehr genau, worum es geht! Also – im Gegensatz zum Unterricht: Keine Angst vor Fehlern (vgl. auch *Intelligentes Lücken-Management*, Seite 71ff.).

Die Rubrik des „Wer oder was?" entspricht einem SUBSTANTIV (mit Artikel), wenn wir die Wort-Gruppe analysieren, in der Satz-Analyse jedoch dem Subjekt (Satzgegenstand) des Satzes. Genauso entspricht die Frage nach dem VERB (Tätigkeitswort) in der Satz-Analyse der Frage nach dem Prädikat usw.

Variante für eine/n SpielerIn

Das Gruppen-Falt-Spiel lebt ja vom Gruppen-Input: Indem wir das Blatt knicken und weiterreichen, entstehen die komischen Sätze eben dadurch, daß keiner weiß, welchen Satz die anderen Spieler im Kopf haben und auf mehrere Bogen verteilen. Wie kann man diesen Effekt alleine erzeugen? Nun, ich habe lange darüber nachgedacht und bin dann auf folgende Lösung gekommen:

1. Heben Sie die Unterlagen auf, wenn Sie mit anderen spielen.
2. Entscheiden Sie sich für Farben, z.B. erste Spalte ROT, zweite Spalte BLAU, dritte Spalte GRÜN etc.
3. Schneiden Sie die Bogen in Streifen (jede Spalte = ein Streifen).
4. Malen Sie die Wörter in den entsprechenden Farben an und zerschneiden Sie den Streifen anschließend, so daß jeder Begriff auf einem Stück Papier steht (oder übertragen Sie die Wörter auf Kärtchen der entsprechenden Farbe).
5. Sortieren Sie die farbigen Worte jetzt in Behälter derselben Farbe (ob kleine Schächtelchen oder angemalte leere Joghurt-Becher). Fertig ist das neue Grammatik-Spiel.

Je mehr Spielbogen Sie retten und mitverarbeiten, desto variationsreicher werden Ihre „Spielsteine", das heißt Ihre Lege-Möglichkeiten.

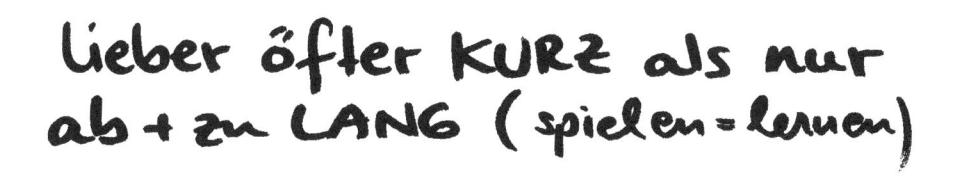

Jetzt **LEGEN** wir neue Sätze, indem wir dem Schema folgen: Statt auf einem Bogen (schreiben und knicken), spielen wir jetzt auf dem Tisch und LEGEN eine Spalte nach der anderen, indem wir in die Behälter greifen und BLIND einen Begriff ziehen. Es ist eine Art Wörter-Lotto, die gezogenen Wörter passen genauso wenig zusammen wie die der Mitspieler davor, das heißt die Ergebnisse können ähnlich lustig sein. Merke:

> Einige Minuten pro Tag bringen mehr, als ab und zu viele Stunden lang zu spielen (vgl. *Training*, Seite 99ff.).

Lieber öfter KURZ als nur ab + zu LANG (spielen = lernen)

IMITATION als Neuro-Mechanismus

Die wenigsten Lebewesen haben das Glück, durch IMITATION lernen zu können, es ist dies einer der Neuro-Mechanismen, die es zu aktivieren gilt. Weil unser Schulsystem diese großartige Möglichkeit so selten aktiv nutzt, finden Sie eine Reihe von Möglichkeiten zum Spielen und Experimentieren, damit Sie sich erst einmal von der Wirkung überzeugen können. Dann überlegen Sie, inwiefern Sie bei TÄTIGKEITEN aller Art den Neuro-Mechanismus in Ihren Alltag integrieren können. ==Wen kennen Sie, der das, was Sie können wollen, bereits besser kann als Sie? Wer kann als Modell dienen?== (Leider sind dies oft nicht die LehrerInnen, weil manche nur lehren, aber nicht wirklich ausführen können.) Denken Sie daran, daß man früher bei einem Meister in die Lehre ging und für das Privileg **bezahlte**, ihm zuschauen und von ihm lernen zu dürfen. Dabei lernte man vieles per Imitation, manches durch VERGLEICHENDES Schauen (die beiden Prozesse können im Alltag nicht immer sauber voneinander getrennt werden). Also, fangen wir an!

Man kann auf einfachstem Niveau beginnen (wie alle Mütter wissen). Lassen Sie sich nicht davon abbringen, daß es **so leicht** zu sein scheint, lassen Sie sich vielmehr **inspirieren**. Diese Spiele haben einen **dreifachen Vorteil**:

1. Wir **trainieren** unsere **Wahrnehmung/Beobachtung**. In der heutigen Zeit eine dringende Übung, da wir weit weniger als früher wirklich wahrnehmen. Die Art, alles passiv konsumieren zu wollen, von TV-Shows über Unterricht bis zur VR (Virtuelle Realität) via DVD, PC und Internet kann erschreckende Ausmaße annehmen.

2. Wir **lernen am leichtesten**, wenn es etwas zu imitieren gibt, **weil wir darauf genetisch vorbereitet sind**. Alle anderen Lebewesen müssen den längeren Weg über Wahrnehmen und VERGLEICHEN gehen (vgl. *Vergleichs-Spiele*, Seite 101ff.). Aber wir Menschen haben auch den Weg der Imitation, nur gehen wir ihn viel zu selten. Fragen Sie sich: Welche **Tätigkeiten** sollen Sie lernen, bei denen Sie möglicherweise bewußte IMITATION (s. nächster Punkt) zu Hilfe nehmen könnten?

3. Das meiste, was wir je (an Verhalten) gelernt haben, haben wir **unbewußt imitiert**. Das ist der Grund, warum dieser Lernprozeß uns so erfolgreich gemacht hat: damit lernen wir schneller als die meisten Insekten, Vögel und anderen Tiere (mit Ausnahme der Affen). Aber für Imitations-Lernen ist kein Bewußtsein notwendig. Wir imitieren, was uns umgibt. Ist dies positiv (gutes Vokabular, grammatikalisch korrekte Sprache, gute Manieren etc.), dann imitieren wir gute Dinge. Sind wir hingegen von Leuten umgeben, die nur Stummelsätze von sich geben und außer „gut"oder „schlecht" kaum Adjektive kennen, um ihre Situation zu beschreiben, dann verblöden auch wir.

Im Klartext:

> Wie ein Chamäleon passen wir uns an unsere Umgebung an, aber in der Regel merken wir es gar nicht.

Wenn wir dies wissen, können wir bewußt die Umwelt wählen, von der wir dann unbewußt per Imitation lernen werden. **Umgeben Sie sich häufig mit guten Vorbildern**, Beispiele:

1. ... **für Sprache**, indem Sie (mal aktiv, mal passiv) Literatur-Hörkassetten oder solche mit Vorträgen etc. hören.
2. ... **für Fremdsprache**, indem Sie Lektions-Texte häufig (mal aktiv, mal passiv) hören und sich von DVD.s in Ihren Wunschsprachen „umgeben" lassen, wenn Sie Dinge tun, bei denen Sie nicht die volle Konzentration benötigen. Ich schneide mir übrigens von fremdsprachigen Filmen schöne Auszüge, z.B. von Gerichtsszenen mit intelligenten Dialogen, akustisch mit, so daß ich diese auch beim Spazierengehen (aktiv) hören kann.
3. ... **für Verhaltens-Aspekte**: Wer umgeben ist von fleißigen Leuten, die gerne recherchieren, die sich riesig freuen können, wenn sie eine Ent-DECK-ung machen etc., wird sich bald ähnlich verhalten.
4. ... **für Problemlöse-Verhalten**: Es gibt Umfelder, da wird sofort losgejammert („Kann ich nicht!"), ohne daß man einen Versuch

In diesem Zusammenhang begreift man, wie weit unsere Schulen von Orten des Lernens entfernt sind: Bei uns ist die NORM der nicht-lernende Mensch, nur deshalb kann man die wenigen guten LernerInnen als „Streber" verurteilen und ausgrenzen, statt sich von ihnen inspirieren zu lassen. In der Business-Welt suchen Erfolgswillige sich bewußt gute Vorbilder – im Schulalltag (und in manchen Firmen) machen wir die wenigen fertig, die wir haben.

IMITATION, unbewußt: schnelles Lernen!

machen würde, ein Problem zu lösen. Weder fragt man Leute, die mehr wissen könnten (von Schul-KollegInnen, die in dieser Frage weiter als wir sind, über LehrerInnen, Eltern und andere Menschen), noch ist man bereit, Neues auszuprobieren, zu üben, zu trainieren etc. Viele junge Leute kommen mit dieser hilflosen Haltung in die Firmen (als Azubis, als ArbeitnehmerInnen) und wundern sich, daß man sich bald von ihnen zurückzieht. Sie nerven. Suchen Sie sich Modelle, die Probleme aktiv-kreativ anpacken und lösen. Und wenn Sie solche Modelle (zunächst) nur im PC, im Fernsehen und auf DVD.s finden – dann umgeben Sie sich mit diesem virtuellen Figuren, aber eben bewußt!

5. ... für Kommunikations-Verhalten: Ich neige zur Ungeduld und kann ganz schön nerven. Wenn ich merke, daß ich mal wieder sehr schnell sehr ungehalten reagiere, lasse ich zwei, drei Tage lang teils aktiv, teils passiv (im Hintergrund) drei virtuelle Männer laufen, deren Kommunikation mir ein gutes Vorbild ist – und ich werde viel „pflegeleichter". Der eine heißt COLUMBO, sein Markenzeichen ist RESPEKT. Er respektiert (fast) alle Menschen, inklusive der Verdächtigen, während die meisten seiner deutschen Pendants eine Person bereits duzen, wenn diese nur in den Verdacht gerät, vielleicht ein/e Verdächtige/r zu sein! Und der zweite heißt MATLOCK, der einfach (fast) immer ausgesucht höflich kommuniziert. Zwar kann er sich auch zwischendurch ganz schön aufregen, er ist durchaus engagiert, aber er ist auch sehr höflich, schon im Tonfall. Der dritte ist POIROT (gespielt von David SUCHET). Übrigens wurden alle drei sehr gut synchronisiert, sowohl ins Deutsche als auch ins Französische. Wenn ich also auch sprachlich etwas für mich tun möchte, lasse ich mich französisch positiv beeinflussen ...

Es folgen einige Imitations-Spiele, um Ihnen Lust zu machen; weitere ergeben sich von allein, wenn man erst einmal damit begonen hat!

IMITATIONs-Spiele (inkl. VARIATION, Persiflage, Karikatur)

Vorübung
Zwei Menschen stehen sich gegenüber, ihre Handflächen berühren sich. Der eine ist Führer, der andere folgt. Man versucht, den Bewegungen zu folgen, ohne den Kontakt zwischen den Händen zu verlieren. Wenn die Vorübung gut funktioniert, beginnt die erste Variante.

Variante Spiegel-Bild
Wir spielen SPIEGEL: Die zweite Person versucht alle Bewegungen der ersten möglichst schnell (zeitgleich?) zu SPIEGELN.

Variante Nachahmung (Vormachen, Nachmachen)
Eine weitere Variante besteht darin, daß die erste Person komplexere Bewegungen ausführt und der zweite Spieler sie anschließend nachzumachen versucht. Man beginnt z.B. mit zwei Bewegungen (z.B. eine Hand einmal auf- und abbewegen), dann sind es drei Bewegungen (rauf, runter, rüber), dann vier (rauf, runter, rüber, halten) usw. Die Vorgabe wird immer komplexer. Je besser man **versteht**, was der erste macht, desto besser kann man ihn nachahmen.

Kleines Imitations-Spiel mit Aha-Effekt (nach Paul SMITH)
Manchmal spiele ich im Seminar (mit Hunderten von Leuten) ein Imitations-Spiel, das ich meinem englischen Trainer-Kollegen Paul SMITH verdanke: Es beginnt mit einfachen Hand- oder Armbewegungen, aber am Ende halte ich **beide Hände vor die Augen**, verberge also meine Augen hinter meinen Händen. Das tun die TeilnehmerInnen natürlich auch. Da aber nun niemand sehen kann, was ich tue, weiß auch keiner, wann es weitergehen soll. Das löst nach einer verblüfften Pause immer Gelächter aus.

Ich „hänge" an der Übung die Idee „auf", daß blindes Nachmachen nicht Ziel sein kann. Intelligente Imitation ist eine informierte, bewußte Imitation, nachdem wir schon einmal gesehen haben, wohin dieser Vorgang führen wird.

Variante gaaaaaaaaanz laaaaaaaangsaaaaaaaaaam
Die DVD-Technik bietet uns enorme Vorteile, z.B. saubere Standbilder und völlig schlierenfreie Zeitlupenaufnahmen, sogar gaaaaaaaaanz laaaaaaaangsam. So können wir alles mögliche IMITIEREN, z.B.
- **körpersprachliche Signale** nachspielen,

- **Bewegungsabläufe** (deshalb wird die Technik auch im **Sport** eingesetzt),
- **Gestik** oder **Mimik eines Schauspielers**,
- **Tanzschritte**.

Was immer uns in einem DVD-Film gefällt, können wir als Spiel-Vorlage definieren und imitieren. Wir können allein oder in der Gruppe spielen, gemeinsam oder der Reihe nach. Wir entscheiden jedesmal, was wir heute unternehmen wollen.

IMITATIONS-SPIELE: akustische

Akustische Imitations-Spiele können uns beispielsweise beim Sprachenlernen immens helfen (wie am Anfang dieses Abschnitts beschrieben), insbesondere wenn wir es dann wagen, unsere Imitation vom reinen Nachahmen zur Übertreibung zu entwickeln. Merke:

Wer spielerisch 130% produzieren kann, wird später, auch bei Streß, mit Sicherheit 90% bringen können!

Sprech-Spiele

Wenn Sie akustische Spiele lieben, gefällt Ihnen vielleicht meine **Schatten-Technik** (die ich ursprünglich für das Fremdsprachenlernen erfunden hatte). Man spricht einen Text nach, aber man spricht immer ein, zwei Silben hinterher. Man klingt ein wenig wie ein Simultan-Dolmetscher, der etwas nachhinkt, nur daß wir den Vorsprecher so exakt wie möglich **imitieren**.

So sagte ein Vorsprecher einmal in etwa: „Ich bin ein Trottel. Ich werde es nie und nimmer schaffen, ernst zu bleiben, wenn die anderen zu lachen beginnen ..." Es war sehr lustig.

Dies kann sehr lustig sein, wenn der Vorsprecher lustige Dinge todernst sagt, die der Schattensprecher ebenfalls ernst wiederholen muß, während die Zuhörer sich vor Lachen ausschütten.

Oder man versucht die **Spiegel-Variante** (Seite 65) **akustisch** und versucht, **zeitgleich** mit dem Modell zu sprechen. Dies gelingt um so besser, je öfter man den Text bereits trainiert hat. Eine Variante des ganzen ist ja die Karaoke-Technik, was uns zur Musik bringt.

So kann man z.B. bestimmte Redewendungen in anderen Sprachen, die uns zunächst „gegen den Strich gehen", weil sie stark von unserer bisherigen Erfahrung abweichen, durch Übertreibungen (130%) so lange spielerisch üben, bis man sie „drin hat". So tat ich mich z.B. eingangs schwer, englische Wörter auf der zweiten Silbe zu betonen, die im Deutschen am Ende betont werden. Während wir Philoso-**PHIE** sagen, sagen Angelsachsen Phi-**LO**-sophie. **Gleichermaßen** klingt es auf Englisch ge-**O**-logy, the-**O**-logy, psy-**CHO**-logy (genauer in Lautschrift [sy-**KO**-logy)] während wir Ge-o-lo-**GIE**, The-o-lo-**GIE** und Psych-cho-lo-**GIE** sagen.

▎ Nachdem ich begriffen hatte, in welcher Weise das **Klangmuster** rhythmisch abwich, stellte sich die Schere zwischen KENNEN und KÖNNEN ein.

Es hat keinen Sinn, dies als Spielregel zu formulieren und dann zu hoffen, daß man sich daran erinnert, wenn es nötig wird! Und es ist sehr schwer, Spielregeln in Kraft zu setzen, wenn wir das praktische Training auf ein, zwei halbherzige halblaute Versuche beschränkt haben. Und an dem Punkt (den wir alle aus der Schule kennen) stand ich nun:

▎ Wiewohl ich es **wußte**, konnte ich es nicht sagen. Das ist der Unterschied zwischen KENNEN und KÖNNEN!

Also listete ich eine Reihe jener kritischen Wörter auf und begann ein kleines Imitations-Training, das ich jedoch bald zu einer Persiflage, einem reglrechten Übertreibungs-Spiel entwickelte: Ich trommelte den Rhythmus (pa-**RAA**-pa-pam) und sprach im Gleichklang mit meinem Getrommele. Dabei begann ich **die zweite Silbe** immer stärker zu **übertreiben**, indem ich sie extrem laut und lange sprach:

▎ Ge-**OOOOOOOO**-logy, Theo-**OOOOOOOO**-logy ... usw.

Bald machte es mir einen Riesenspaß und meine Übertreibungen wurden immer wilder. Nach einigen Minuten erschöpfte sich die Lust weiterzumachen, **aber ich hatte in meinem ganzen Leben danach** (also bisher seit ca. 40 Jahren) **niemals wieder Probleme mit**

dieser **Wort-Gruppe**. Durch die Übertreibung (die ich mit „130%" umschreiben will) konnte ich später diese und ähnliche Begriffe mühelos auf der zweiten Silbe betonen. Ich hatte **das alte** (deutsche) **Paradigma** SPIEL-erisch aufgebrochen.

> Leider finden solche Spiele im Unterricht so gut wie nie statt. Sie würden nicht nur Spaß machen, sie wären auch extrem hilfreich!

IMITATIONEN zeichnen

Beginnen Sie mit einfachsten Formen (Quadrat, Rechteck, Raute, Oval, Winkel etc.) und entwickeln Sie sich langsam zu komplizierteren Übungen. Das heißt: Jemand (Sie selbst oder ein Partner) zeichnet eine Vorgabe, dann wird diese von jemandem imitiert. Man kann alleine spielen, indem man NACHEINANDER zeichnet und imitiert, oder zu zweit, indem EINE Person die Vorgabe zeichnet, der Partner imitiert.

Statt ein Partner kann auch eine Gruppe von SpielerInnen die Imitation durchführen.

IMITATIONEN, musikalische

Natürlich können Sie auch musikalische Themen **singen** oder mit einem Instrument nachspielen, auch **Rhythmen** klatschen, klopfen etc. Bei der chronologischen **Imitations-Variante** wechseln sich Vorlage und Imitation ständig ab, bei der **Karaoke-Variante** erklingt die Imitation alleine (und versucht, dem Original so nahe wie möglich zu kommen).

Wenn man die Imitation sehr gut schafft, dann kann man damit beginnen, die WESENt-lichen Aspekte des Originals zu übertreiben, das bringt uns zum letzten Punkt:

Variation – Persiflage – Karikatur oder: Thema mit Variationen

Es ist klar, daß die Möglichkeiten unendlich sind, wir wollen hier nur eines festhalten: Um das WESENt-liche übertreiben zu können, muß man erkannt haben, welche Aspekte die Sache „ausmachen", welche Aspekte das WESEN der Sache definieren. Wenn wir von der „dummen" papageienartigen Imitation ohne Sinn und Verstand (die das Schulsystem oft noch auslöst) einmal absehen, können wir sagen:

> Wenn wir davon ausgehen, daß nur imitieren kann, wer begriffen hat, dann gilt dies in weit höherem Maße für die Übertreibung, insbesondere wenn diese zur Persiflage (Karikatur) wird. Denn nun übertreibt man das WESENt-liche, also muß man wirklich begriffen haben!

Deshalb empfehle ich Ihnen, so oft wie möglich mit Hilfe von Imitations-Spielen zu erforschen, inwieweit Sie VERHALTENSWEISEN tatsächlich nachahmen können. Vom einfachen Imitieren eines Bewegungsablaufes bis zum Nachspielen eines Klavierkonzertes, immer gilt eine Regel, die alle „alten Meister" kannten und lebten:

1. imitieren,
2. varrieren,
3. einen eigenständigen Stil (oder eine neue Entwicklung) anstreben.

Oft versuchen Leute nach 3maligem flüchtigen Hinschauen oder Hinhören sofort, es „besser zu machen", das heißt ihren eigenen Stil zu entwickeln; die Ergebnisse sind dementsprechend flach.

> Man kann nicht „besser" werden, wenn man das Niveau der Vorgänger nie erreicht hat.

70 IMITATION als Neuro-Mechanismus

> In meiner Jugend diffamierte ein Gast beim Abendessen einmal PICASSO als einen typischen „modernen Maler", der gar nicht fähig wäre, „richtig" zu malen. Tatsache aber ist, daß PICASSOs klassische Phase im Alter von 18 Jahren stattfand. Demzufolge konnte er bereits als sehr junger Mann beginnen, bahnbrechend Neues zu entwickeln. Er hatte bereits bewiesen, daß er wie die Alten malen konnte, als er sich entschloß, es nicht mehr zu tun. Und, wenn Sie genau hinsehen, dann merken Sie das auch. Das „Kindliche" an seinen Bildern ist das Produkt eines langes Prozesses, in dem er die Naivität des kindlichen Blickens nachzuahmen versuchte, was ihm im hohen Alter immer besser gelang.

Leider sehe ich hierin eines der Probleme vieler Lehrkräfte: Manche sind die Kopie einer Kopie einer Kopie – seit Generationen war oft kein echter Pädagoge darunter, denn wer das klassische Schulsystem **besonders erfolgreich** durchlaufen hat, ist für gehirn-gerechtes Unterrichten disqualifiziert.

Deshalb fordern so viele LehrerInnen das sture Auswendiglernen und papageienartiges Imitieren von Prozessen, die man nie kapieren durfte, weil ein echter Dialog, der zum Verstehen hätte führen können, nie geführt wurde (z.B. in Mathematik).

Deshalb brauchen Lehrkräfte, die vom System derart geprägt worden sind, viel Mut, wenn sie beginnen, vorsichtig neue Wege zu gehen. Sie fangen ganz vorsichtig mit ein paar kleinen Versuchen an, lassen ab und zu per ABC-Liste assoziativ denken, basteln mal ein kleines WQS und beginnen langsam zu merken, daß gehirn-gerechtes Vorgehen für alle Anti-Streß, Anti-Ärger, Entwarnung und unerwartete Lern-Freude bedeutet. Gerade Imitations-Spielchen können z.B. im Sprachen-Unterricht oder beim Sport sehr hilfreich sein, aktives Lernen auszulösen.

Auf daß die SchülerInnen bald er-LEBEN, daß **gehirn-gerechtes Lernen** „echt GEIL" sein kann.

Intelligentes Lücken-Management

Haben wir gelernt, mit Lücken* und Fehlern intelligent umzugehen, können wir uns fragen, inwieweit Intelligenz selbst lernbar sein könnte. Tja, sie ist! Lesen Sie weiter!

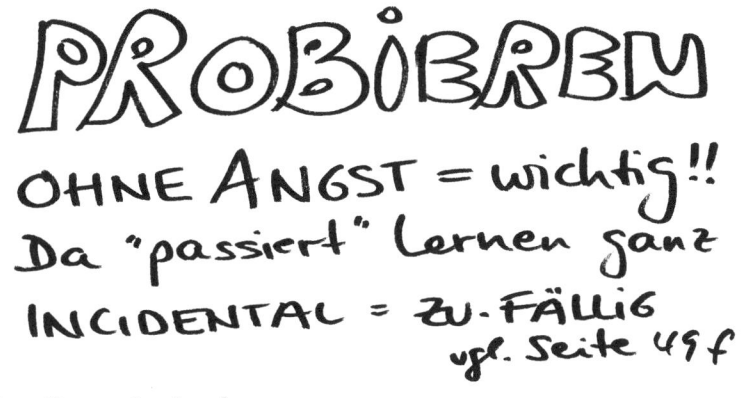

> **PROBIEREN**
> OHNE ANGST = wichtig!!
> Da „passiert" Lernen ganz
> INCIDENTAL = ZU-FÄLLIG
> vgl. Seite 49f

Intelligenz ist lernbar

In meinen Seminaren stelle ich regelmäßig eine **Frage** nach dem Motto: Es gibt **intelligente** Leute, die **wissen** viel, und es gibt solche, die eher **kreativ** sind, richtig? Die meisten TeilnehmerInnen neigen zu einer Ja-Antwort, aber denken Sie mit! Stellen Sie sich Ihr Wissen als Wissens-Netz vor, dann können wir sagen:

1. Je mehr Fäden Sie im Wissens-Netz haben, desto mehr wird Ihnen in einer Situation (in der es darauf ankommt) einfallen.

2. Je besser der **Zugriff auf Ihr Wissen**, desto mehr Fäden können Sie aktivieren. Leute, die ihr Wissen gut aktivieren können, wirken konkret intelligenter als jene, die vielleicht mal viel wußten, ihr Wissen aber nicht regelmäßig aktivieren.

---

* Der Begriff LÜCKE hat in diesem Buch zwei Bedeutungen: Einerseits handelt es sich um eine Lücke, die wir bewußt in einen Text „schneiden" (vgl. *Lückentext-Spiele*, Seite 77ff.), um eine besondere Art von Spiel zu spielen. Andererseits handelt es sich um eine Lücke, die wir nicht geplant hatten, weil uns etwas „fehlt", also weil wir etwas nicht wußten oder einen Fehler gemacht haben. Um diese Art von Lücke geht es uns in diesem Abschnitt!

Vgl. „ABC-Kreativ" und „LULLI'sche Leitern" unter dem Stichwort ASSOZIATIV-SPIELE (ab Seite 21)

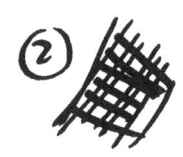

3. Auch **Kreativität** hängt vom Zugriff auf unser Wissen ab, denn es gilt NEUE Verbindungen zu finden.

Im Klartext: Wie intelligent Sie im Alltag „sein" können, hängt weit maßgeblicher von Ihrem Handeln ab als von Ihrer Veranlagung. Der Harvard-Professor Dave PERKINS hat den Begriff der **lernbaren Intelligenz**© geprägt. Er unterscheidet drei Faktoren:

1. Angeboren ist die **Geschwindigkeit**, mit der unsere Neuronen feuern. Wer also NEUES langsam lernt, mag zwar „neuronal langsam" sein, aber es gibt zwei weitere wichtige Faktoren.

2. Viel wichtiger als Ihr Lern-Tempo ist das, **was Sie bereits wissen**, genauer **das Wissen, auf das Sie Zugriff haben**. Deshalb ist es so wichtig, sich möglichst oft im geistigen Fitneß-Camp aufzuhalten (vgl. Seite 21). Schon einige regulär gespielte ASSOZIATIV-SPIELE zeigen Ihnen in Wochen, was es bringt, aber nach einigen Monaten scheinen Sie um Grade intelligenter geworden zu sein. Korrekur: Sie sind intelligenter geworden!

3. Ebenso wichtig ist die **Wahl der Strategie oder Methode, wie wir etwas lernen.** So ist PAUKEN extrem schlecht geeignet, weil wir erstens nicht verstanden haben, was wir stur büffeln (sonst würden wir ja nicht versuchen, es „blind" ins Gedächtnis zu dreschen), und weil wir zweitens genau deshalb später leider nicht auf das Wissen zugreifen können, wenn wir es benötigen. (Um zu wissen, wann man es benötigt, müßte man es ja begriffen haben.) Oder wenn wir uns entscheiden, die Nicht-Lern Lern-Strategien dieses Buches anzuwenden. Dann lernen wir spielerisch, leicht und kapieren, worum es geht! Das ist unsere Wahl – jeden Tag unseres Lebens!

Sie sehen also, daß geistige Fitneß und gute Strategien viel mehr dazu beitragen, wie intelligent und kreativ wir sind. Deshalb möglichst oft die hier vorgestellten Techniken anwenden, es macht nicht nur Lernen leicht, es macht Sie auch intelligenter! Vielleicht möchten Sie ein Zitat hierzu näher betrachten:

Intelligenz wird im engeren Sinne häufig als geistige Begabung und Beweglichkeit angesehen, die einen Menschen befähigt, sich schnell in neuen Situationen zurechtzufinden, Sinn- und Beziehungszusammenhänge zu erfassen und sich auf neue Gegebenheiten und Anforderungen durch Denkleistung sinnvoll einzustellen.

Quelle: http://www.medizinfo.de (unterstützt von MERZ Pharma)

Im Klartext: Die Strategien dieses Buches machen Sie fähiger, das zu tun, was hier beschrieben wurde.

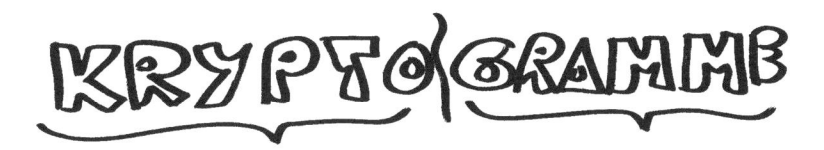

KRYPTOGRAMME

KRYPTOGRAMME: Ver-FREMD-en von Vertrautem

Es gibt zwei Spielregeln leichten Lernens: 1. Neues muß VERTRAUT werden, aber auch das Gegenteil ist wahr: Wenn wir 2. Vertrautes Ver-FREMD-en, wird es **wieder** interessant! Das zeigen uns sowohl Lücken-Texte (die aus einem einfachen GRIMM'schen Märchentext ein spannendes Rätsel machen können), aber auch das bewußte Ver-FREMD-en der folgenden Art, das ich „kryptisieren" nenne (von „kryptisch = geheimnisvoll").

neu ⇆ vertraut

Kryptisieren: HISTORISCH

Wir nehmen eine geschichtliche Info und machen ein Rätsel daraus; z.B. aus einer bekannten Person, die wir jedoch so ver-FREMD-en, daß sie plötzlich unvertraut erscheint. Beispiele:

Einige Ideen hierzu fand ich in einem PM-Heft (Nr. 2, 2004).

Krypotogramm 1: ein Wissenschaftler

Er wollte etwas extrem Wichtiges berechnen und machte einen Fehler, dieser veränderte möglicherweise die Weltgeschichte dramatisch. Er hatte sich um den Faktor 1.000 verschätzt und wollte absolut nicht auf seine Mitarbeiter hören, die es sofort gemerkt hatten (vfb: Viel-

Antwort:
(Der Wissenschaftler:
Werner HEISENBERG)
Die Atombombe

leicht hatte er sich ja absichtlich „geirrt"?) Wie dem auch sei: So konnte Deutschland 1942 was nicht entwickeln? Raten Sie:

Kryptogramm 2: ein Feind (historisch?)
- Schon die RÖMER kannten diesen Feind. In Schottland verlor Rom über die Hälfte der 80.000 Mann starken Truppe an ihn.
- Vor ca. 500 Jahren verloren die SPANIER an ihn mehr Konquistadores als im Krieg gegen die Ureinwohner.
- Auf Haiti bekämpften die Franzosen 1802 neben den Rebellen auch diesen Feind und wurden von ihm vernichtend geschlagen. von 29.000 kehrten nur 6.000 heim.
- Den Bau des Panama-Kanals konnten die Amerikaner erst beginnen, nachdem sie diesen Feind besiegt hatten, aber nicht, ehe ihm 30.000 Arbeiter zum Opfer gefallen waren. (Allerdings war der Sieg nur kurzfristig, bald erstarkte der Feind erneut und auch heute fallen ihm jedes Jahr Tausende zum Opfer ...)

Antwort:
Die Malaria-Mücke!

Wer ist dieser Feind?

Kryptogramm 3: zwei Tätigkeiten
Eine dieser beiden Tätigkeiten tun Männer wie Frauen gleich viel. Bei der anderen Tätigkeit gibt es große Unterschiede: Sie wird zu 70% von Frauen und nur zu 30% von Männern ausgeführt. Wovon reden wir?

Antwort:
Es geht um (Kassetten-)Hören: Das tun Männer wie Frauen gleichermaßen. Beim Lesen scheiden sich dann die Geister: Gelesen wird (im Freizeitbereich) von Frauen mehr als von Männern ... hm ...

Das letzte Beispiel schuf ich vor einigen Tagen, als ich Zeitung las:

Kryptogramm 4: Gen-Technik Neuigkeit
Der Patient erhält eine Spritze. Diese enthält genetisch veränderte Darmbakterien. Diese werden eine Analyse-Funktion erfüllen. Welche?

LANGEWEILE?

Langeweile ist ein Zustand, den Lebewesen instinktiv zu vermeiden suchen, es ist sozusagen das Gegenteil eines Neuro-Mechanismus. Nun ist es zwar so, daß Unterricht oft langweilig ist, aber wir sollten überlegen: Wollen wir es anderen erlauben, soviel Macht über unser Leben zu haben, oder sollen wir lernen, wenn schon nicht wegen, dann doch TROTZ solcher Leute unser Leben zu meistern? Also trotz solcher Chefs, trotz solcher Lehrkräfte zu lernen, trotz solcher Kunden unseren Beruf gut zu machen, etc. Wir können der Welt die Schuld geben und **leiden** (das ist allerdings nicht GEIL, weil die intelligenten Maßnahmen fehlen, wenn Sie an unser KaWa© denken, Seite 25). Ich finde einen Absatz von John Taylor GATTO sehr hilfreich:

> An einem Nachmittag, als ich sieben Jahre alt war, klagte ich bei ihm über Langeweile, und (mein Großvater) schlug mir hart auf den Kopf. Er sagte, dass ich dieses Wort in seiner Anwesenheit **nie wieder benutzen dürfte**, dass, **wenn ich mich langweilte, es meine Schuld wäre und nicht die eines anderen. Die Verpflichtung, mich selber zu unterhalten und zu unterrichten, wäre ganz und gar meine. Menschen, die das nicht wüßten, wären kindische Menschen, die man, wenn möglich, meiden sollte.**

Recht hat er. Wer lernt, im Unterricht AKTIV zuzuhören und ein Wissens-ABC und/oder WORT-Bilder (KaWa.s©) zu den Schlüssel-Begriffen anzulegen, hat zu tun! Da macht es wenig aus, ob die Lehrkraft lang-

---

Antwort:
Diese Bakterien reagieren durch Leuchten (blaugrünes Licht), wenn sie auf Tumore stoßen. Sie könnten die Krebs-Diagnose revolutionieren. Der Forscher heißt Aladar SZALAY (Uni Würzburg, Rudolf-Virchow-Zentrum, www.uni-wuerzburg.de).

GATTO

Quelle: *Wie das allgemeine Bildungswesen unsere Kinder verkrüppelt, und warum.* Von John Taylor GATTO (Übersetzung: Oliver BAILLIEU).

weilt – unser Geist ist beschäftigt. Je weniger wir von „da vorne" gefordert werden, desto mehr eigene Assoziationen können wir in ein ABC oder KaWa© legen. Und da wir ja zum Thema des Unterrichtes arbeiten, kann die Lehrkraft jederzeit schauen, was uns da so interessiert – es ist ja ihr Thema! Auf diese Weise nützen wir die Zeit und lernen TROTZ der Person (deshalb heißt dieses Buch ja auch *Trotzdem LERNEN*). Merke:

> Bei einer Lehrkraft, die gehirn-gerecht lehrt, kann auch der „Langsamste" lernen. Aber TROTZDEM zu lernen, das ist oberGEIL. Das ist eine hohe intelligente Leistung. Das zeigt, daß Sie Gehin-Benutzer sind (nicht nur Besitzer ...).

LESE-Probleme?

Wenn wir lesen, müssen wir bestimmte Formen erkennen. Um aber etwas zu erkennen, muß man es kennen. Kennen wiederum impliziert eine Nervenbahn, die das Kennenlernen angelegt hat, auf daß das (Wieder-)Erkennen schnell vonstatten geht. Nun kann man theoretisch versuchen, zu lesen, indem man lesen übt (was Schule voraussetzt), aber es gibt einen weitaus effizienteren Weg, nämlich AKTIVES HANDELN, das heißt schreiben. Wie Dr. REICHEN vor vielen Jahren feststellte: Wenn man Kinder in der 1. Klasse zum Schreiben anregen kann (indem sie aus einer bildhaften Klang-Tabelle die Buchstaben heraussuchen und „abmalen"), dann lesen im 2. Schuljahr so gut wie alle, wiewohl kein Kind das Lesen offiziell gelernt hat! Ich habe diesen Prozeß nachvollziehbar gemacht, vor allem für Menschen, die gut lesen können (und deshalb kein Verständnis für Leute aufbringen, die damit Probleme haben), indem ich eine Geheimschrift erfand (s. Rand).

Außerdem stellen wir fest, daß viele Legastheniker mit der Geheimschrift weit weniger Probleme haben als mit normalen Buchstaben (mit ihren ähnlichen Buchstaben wie: d, b, p, etc.).

Sie können das ganze Experiment erleben, wenn Sie das Modul *Probleme mit dem Lesen?* in *Stroh im Kopf?* exakt nachspielen, es ist ein Seminar-Abschnitt zum Nachvollziehen. Meine Seminar-TeilnehmerInnen verstehen bald, daß sie nach einer Stunde die Schrift beherrschen, aber daß sie wohl einige Wochen bräuchten, um sie zu lesen bzw. daß das Lesen über das Schreiben am besten gelingt!

Des weiteren ist festzuhalten, daß man genau die Formen schreiben muß, die man erkennen lernen (also lesen) möchte. In der Schule muß man aber DRUCKBUCHSTABEN lesen, während man handschriftlich schreiben soll. Falls Sie also Lese-Probleme haben, ist Schreiben in Druckschrift angesagt! Dieses Schreiben muß nicht auf Papier erfolgen, Sie können genausogut „in den Sand" schreiben oder den Prozeß mit einem Stöckchen auf dem (Linoleum-)Boden wiederholen, aber auch mit dem Finger in die Luft schreiben ist ok, solange Ihr Gehirn die Bewegung kapiert, die nötig ist, um diesen Druckbuchstaben zu formen. Wenn diese Nervenbahn existiert, werden Sie den Buchstaben plötzlich gut erkennen können! Falls Sie also betroffen sind (oder jemanden kennen, der betrfoffen ist), dann beginnen Sie mit den Buchstaben des eigenen Namens: töglich zwei- bis dreimal einige wenige Minuten üben – gaaaaaaaaaaaanz laaaaaaaaangsam (vgl. Abschnitt *Training*, Seite 99ff.) und nur die Buchstaben, die im eigenen Namen vorkommen. Nach einiger Zeit stellt man fest, daß diese Buchstaben sich leichter erkennen lassen – ein erster Übungs-Effekt. Dabei müssen Sie den Geschwindigkeitsfaktor bedenken, der im Abschnitt *Training* vorgestellt wird.

Lückentext-Spiele

Lückentexte erfreuen sich großer Beliebtheit, weil sie das Gehirn auf angenehme Weise fordern und fördern. Wir haben verschiedene Möglichkeiten, Akzente zu setzen. Einige Beispiele sollen Ihnen erste Ideen anbieten, weitere tauchen ganz von alleine auf. Erste Tips und Ideen:

Welche Texte?

1. Wir können Texte präparieren, die **inhaltlich wichtige** Infos enthalten. Wir sind gezwungen, weit auf-MERK-samer zu lesen, wenn wir beim Lesen die Lücken füllen.

2. Hilfreich sind Texte mit Informationen, mit denen wir uns **demnächst** beschäftigen wollen oder müssen, z.B. das nächste Kapitel im Geschichtsbuch.
3. Spannend sind belletristische Texte, man gewinnt einen vollkommen neuen Zugang.

Welche Wörter werden entfernt?

1. Bei EINSTEIGER-SPIEL wollen wir Wörter entfernen, die NICHT die Bedeutung tragen. Dasselbe gilt, wenn wir mit Lückentexten vorgreifen wollen, da die LeserInnen ja (voraussichtlich) noch nicht viel über diese Sache wissen.
2. SpielerInnen, die mit LÜCKENTEXTEN in Richtung einer Prüfung spielen, sollten genau die WESENt-lichen Begriffe, Namen, Daten etc. entfernen. Achtung: Schon die Entscheidung, was wir wichtig oder gar WESENt-lich ist, ist ein wesentliches Element dieser Aufgaben!
3. GRAMMATIK: Die **wenigsten** SchülerInnen lieben (oder beGREIFEN) Grammatik. Aber wenn wir Lückentexte haben, in denen mal die Substantive (Hauptwärter), mal die Verben (Tätigkeitswörter), mal die Adjektive (Eigenschaftswörter) fehlen, dann begreifen wir bald, was welche Wort-Art bewirkt. Das heißt, wir entwickeln das Sprach-Gefühl und lernen diese Wortarten bald zu identifizieren. Ganz nebenbei lernen wir eine Menge mehr, z.B. Substantive (Hauptwörter) tragen die Bedeutung und sollten daher als Schlüsselwörter dienen, wenn wir unterstreichen oder Begriffe notieren wollen.

Deshalb funktionieren ABC-Listen so gut, sie bestehen (meist) aus Substantiven.

Einsteiger: Komplette Texte, denen jeweils eine Wort-Art fehlt

Im folgenden Beispiel handelt es sich um den letzten Absatz eines bekannten Grimmschen Märchens (Das tapfere Schneiderlein). Im ersten Beispiel fehlen die Verben, im nächsten die Substantive (Hauptwärter). Man kann die Texte laut vorlesen oder allen zu lesen geben. Jedenfalls kann man zu erraten versuchen, was fehlt. Aber man kann

Lückentext-Spiele 79

auch irgendwelche Wörter einsetzen und herumprobieren, was sich dann ergibt. Im Klartext: spielen Sie!

Variante 1: Ohne Verben (Tätigkeitswörter)
Der **Held** ... zum **König**, der nun, er ... ... oder nicht, sein **Versprechen** ... und ihm seine **Tochter** und das **halbe Königreich** ... ... der **König** ..., daß kein **tapferer Kriegsheld**, sondern ein armes **Schneiderlein** vor ihm ..., es ... ihm noch mehr zu **Herzen** .... Die **königliche Hochzeit** ... bald mit großer **Pracht** und kleiner **Freude** ... und aus einem **kleinen Schneider** ein später einmal großer **König** ....

Beisp. 1

Variante 2: Ohne Substantive (Hauptwörter)
Der ... **begab** sich zum ..., der nun, er **mochte wollen** oder nicht, sein ... halten und ihm seine ... und das halbe ... übergeben mußte. Hätte der ... gewußt, daß kein tapferer ..., sondern ein armes ... ... vor ihm **stand**, es wäre ihm noch mehr zu ... ... gegangen. Die königliche ... ... wurde bald mit großer ... und kleiner ... ... gehalten und aus einem kleinen ... ... ein später einmal großer ... gemacht.

Beisp. 2

Auflösung:

Der **Held begab** sich zum **König**, der nun, er **mochte wollen** oder nicht, sein Versprechen halten und ihm seine Tochter und das halbe Königreich übergeben mußte. Hätte der **König gewußt**, daß kein tapferer Kriegsheld, sondern ein armes Schneiderlein vor ihm stand, es wäre ihm noch mehr zu Herzen gegangen. Die königliche Hochzeit wurde bald mit großer Pracht und kleiner Freude gehalten und aus einem kleinen Schneider ein später einmal großer König gemacht.

:)

Gegenprobe
Testen Sie, was passiert, wenn Sie dem Text die Substantive (Hauptwörter) entnommen haben. Betrachten Sie nur diese, dann sehen Sie, wieviel Bedeutung sie hier besitzen:
Held – König – Versprechen – Tochter – Königreich – König – Kriegsheld – Schneiderlein – Herzen – Hochzeit – Pracht – Freude – Schneider – König.

Lücken-Texte für fortgeschrittene SpielerInnen

Besonders schwierig zu raten sind einzelne kurze Aussagen (hier Sprichwörter), die jeweils nur aus einem Satz bestehen.

Im Schulbuch sind das leider die meisten Grammatik-Übungen, die so schwierig sind, weil es sich entweder um aus dem Zusammenhang gerissene einzelne Sätze handelt oder um Sätze, die jemand sich ausgedacht hat, um ein Prinzip aufzuzeigen, das keinen interessiert. Kein Wunder, daß einem da die Füße einschlafen. Zumindest enthalten die folgenden Sprichwörter eine echte Aussage!

Im ersten Beispiel schneiden wir (per Randomizer) jede Art von Worten heraus..

RANDOMIZER (Zufallsgenerator-Ergebnis – alle Kategorien)
1. Wer ... guten Sprung machen will, geht ... rückwärts.
2. Achte nicht bloß ... ..., was andere tun, sondern ... auf das, ... sie unterlassen.
3. Alte soll man ..., Junge soll man lehren, ... soll man fragen, Narren ... .
4. Ein ... voll Tat ist besser als ein Scheffel ... Rat.
5. ... Wahrheit ist ein selten Kraut, ... seltener wer es ... verdaut.
6. Je ... eine Geige gespielt wird, desto schöner ist ihr ... .
7. Für jede ... findet sich einer, der sie macht.
8. Lege ... der Zeit zur Last, was du ... verschuldet hast.
9. Keine ... ist stärker als ihr schwächstes ... .
10. Es ist ..., Abschied zu nehmen, aber schwer, sich ... .

Artikel und Adjektive/Adverbien

11. Auch wenn Liebe in Kummer schwimmt, trinkt sie ... Wein ... Lust.
12. ... Liebe ist ... ... Tod und ... ... Leben.
13. Wer vernünftig gebieten kann, ... ist gut dienen
14. Man sieht ... Splitter ... fremden Auge, ... eignen ... Balken nicht.
15. ... Menschen Leben nimmt immer ab, aber seine Begierden nehmen täglich zu.
16. Es müßten ... Beine sein, die ... Tage ertragen können.
17. Reden kommt von Natur, Schweigen vom Verstande. (S. Rand)
18. Wahrheit gibt ... Bescheid, Lüge macht viel Redens.
19. Wer auf ... Wasser fährt, hat ... Wind nicht in ... Hand.
20. ... Wasser und ... Leuten ist nicht zu trauen.

Verben (tragen die HAND-lungen, die „Action")

21. Es ... nur zwei gute Weiber auf der Welt: die eine ist ..., die andere nicht zu ... .
22. Es ist leichter ... als besser ... .
23. Wer sich zur Taube ..., den ... die Falken.
24. Wer Lust hat zu ..., hat Lust zu ... .
25. ... uns ein Sündenbock bereit, ... man viel leichter allezeit.
26. Mit den Wölfen ... gilt denen als Ausrede, die mit den Schafen ... (Hans REIMANN)
27. Eine Gesellschaft von Schafen muß mit der Zeit eine Regierung von Wölfen ... . (Bertrand de JOUVENEL)
28. Es ist besser, als ein Wolf zu ..., denn als Hund zu ... . (Herbert WEHNER)
29. ... auf deine Gedanken – sie ... der Anfang deiner Taten.
30. Alle Menschen werden als Original ..., die meisten ... als Kopie.

Im nächsten Beispiel schneiden wir nur die „kleinen Wörter" heraus

Wenn wir eine Wort-Art auslassen, die im Beispiel nicht vorhanden ist, bleibt der Satz HEIL (= ganz).

Diesmal schneiden wir nur alle VERBEN (Tätigkeitswörter) heraus.

Zuletzt schneiden wir die SUBSTANTIVE (Hauptwörter) heraus.

Substantive (tragen die Be-DEUTUNG, den Sinn)
31. Der glücklichste ... ist derjenige, welcher die interessantesten ... hat.
32. Ehe man tadelt, sollte man immer versuchen, ob man nicht entschuldigen kann. (S. Marginalie, Seite 80)
33. Gegen ... sind auch ... machtlos.
34. Nur wer auch mal gegen den ... schwimmt, kann zur ... gelangen.
35. ... sind fantasielos. Vor allem kleine.
36. Schöne ... – nicht weinen, weil sie vergangen, sondern lachen, weil sie gewesen.
37. Tue das, was du fürchtest, und die ... stirbt einen sicheren ... .
38. Vier ... sind es, die nicht zurückkommen: das gesprochene ..., der abgeschossene ..., das vergangene ... und die versäumte ... .
39. Warum haben wir zwei ... und nur einen ... ? Weil wir doppelt soviel zuhören wie reden sollten !
40. Erst lernt man gehen und sprechen, dann stillsitzen und ... halten.

Die letzte Rubrik gehört zu dem Bereich, den man durch Grammatik- und Sprachübungen theoretisch lernen sollte, aber es braucht da schon Sinnfragen, wie diese: Was ist WESENt-lich? Welche Wörter tragen den Sinn dieses Satzes? Zwar sind allgemein die Substantive (Hauptwörter) sehr stark, weshalb unsere ABC-Listen und KaWa.s© auch so gut funktionieren. Trotzdem kann es im Einzelfall auch ein anderes Wort sein, das das WESEN der Aussage in sich birgt.

WESENt-liche Wörter
41. ... ist jeder, der eine vorher, der andere nachher.
42. Gib dem Tag die Chance, der ... deines Lebens zu werden.
43. ... nicht, was andere machen, ... auf deine eigenen Sachen.
44. Den wirklich ... erkennt man daran, dass er keine Angst hat seine ... zu verlieren. Der ... hat sogar Angst davor seine ... zu verlieren.
45. Dementi ist die Bestätigung einer Nachricht, die vorher ... war.
46. Ein schlechtes ... braucht keinen Kläger.

Die kompletten Sprichwörter finden Sie im Merkblatt 4, Seite 153.

47. Wer ... Feinde hat, muß sich mit ... vertragen.
48. Die besten Sachen im Leben gibt es ... .
49. Eine schlechte ... ist besser als keine.
50. Es ist besser, reich zu ..., als reich zu ... .

Meisterschaft anstreben/erreichen?

Einst schenkte jemand dem Kaiser von China einen Papagei und er wünschte sich eine Zeichnung von diesem Vogel. Also beauftragte er einen hoch angesehenen Künstler. Seine Bediensteten brachten den Papagei zum Künstler, der den Auftrag annahm.

Der Kaiser von China wartet – einen Tag, zwei Tage, drei Tage, vier Tage, eine Woche, zwei Wochen, einen Monat, zwei Monate. Langsam aber sicher wird er sauer, aber noch wartet er und nach einem Vierteljahr schickt er seine Hofschranzen los. Diese kommen zum Künstler und fordern die Einlösung seines Versprechens. Der Künstler nimmt ein neues Tuscheblatt und zeichnet schnell und souverän einen wunderschönen Papagei. Das ganze dauert 50 Sekunden. Die kaiserlichen Gesandten sind fassungslos. Sie tragen das Bild zum Kaiser und berichten. Auch der Kaiser ist fassungslos und begibt sich am Folgetag mit seinem ganzen Hofstaat zum Künstler. Er will wissen, warum er so lange warten mußte, wenn das **Zeichnen** schneller geht, als das Trocknen der Tusche dauert. Der Künstler führt den Kaiser in ein Zimmer am anderen Ende des Hauses. Dort liegen Tausende von Skizzen mit Details (Papageienköpfe, Augen, Schnäbel, Schwanzfedern, usw.) wie auch von ganzen Papageien: von vorne, von der Seite, von hinten: „Hochgeschätzter Kaiser, jetzt geht das in Sekunden. Als Euer Auftrag kam, ging das nicht."

> Schwer **wirken** nur Dinge, für die wir keine (oder nicht genügend) Nervenbahnen besitzen.

Sind diese erst einmal angelegt, weil wir genügend geübt haben, dann **wird** es leicht. Wir fühlen, daß wir auf dem Weg zur Meisterschaft ein ganzes Stück weiter sind. Merke:

Wenn es auf **andere** Menschen so **wirkt**, als wäre das Training unnötig gewesen, dann haben wir es richtig gemacht.

Fragen wir uns also: In welchen Bereichen wollen wir **Papageien zeichnen** üben? Diese Bereiche müssen wir (regelmäßig überprüfen und) **ganz klar identifizieren**. In diesen Bereichen entscheiden wir uns: Hier will ich den Weg zur Meisterschaft gehen.

Die Lehre: Nachdem man den Lern- oder Trainings-Prozeß absolviert hat, wirkt es leicht. Dann haben Dritte den (falschen) Eindruck, man sei wohl mit dieser Fertigkeit **geboren** worden.

Frage: Gibt es Bereiche, in denen Sie trainieren möchten? Welche Papageien wollen Sie in Zukunft zeichnen können?

Die meisten Menschen unterschätzen das gigantische Potential von Training gewaltig, weil sie es kaum je getestet haben. Spielen Sie WissenschaftlerIn und testen Sie es einmal aus. Wählen Sie eine Tätigkeit, mit der Sie (noch) nicht vertraut sind, sei dies das Anlegen von ABC-Listen zu einem für Sie wichtigen Thema oder das Erstellen eines WORT-Bildes (um nur zwei Tätigkeiten zu nennen, die vielleicht für Sie noch neu sind). Ich möchte Ihnen folgendes Experiment vorschlagen:

SELBST-VERSUCH: Ihr Papagei ...

Stellen Sie einen konkreten Trainingsplan auf, in dem Sie „abhaken" werden, wenn Sie geübt haben. Legen Sie Spalten zum Eintragen des Datums, der Uhrzeit und der Dauer des Trainings an. Daneben lassen Sie Platz für einen Kommentar. Hier können Sie Anfangsschwierigkeiten kurz umreißen, Fragen notieren, die beim Arbeiten aufgetreten sind, etc. Es kann später sehr spannend sein, diese Bemerkungen zu lesen: Die meisten Fragen haben sich dann nämlich von selbst erledigt. Wenn eine übrig bleibt, stellen Sie sie mir in unserer WANDZEITUNG (auf **www.birkenbihl.de**), so daß andere MitleserInnen von

Ihrer Frage und meiner Antwort profitieren können, denn so manche Frage quält auch andere, die ähnliches probieren).

Beginnen Sie mit einer Sache, egal welcher, und versprechen Sie sich, im Laufe der Zeit **50**mal zu trainieren. Wenn möglich, halten Sie Ihre derzeitige Leistung fest (vielleicht per Digital-Videokamera?), und sehen Sie was geschieht, wenn Sie nur 50mal geübt haben!

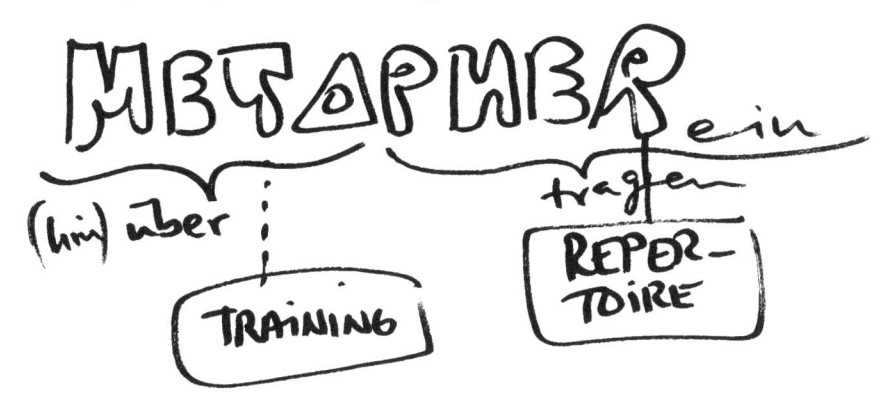

METAPHER ein
(hin) über   tragen
TRAINING   REPER-TOIRE

PASSIVES LERNEN

Vorbemerkung: Der Schwerpunkt dieses Buches liegt auf dem bewußten Lernen, das heißt indem wir beim Hören von Unterricht, einem Vortrag, einer TV-Dokumentation, in einem Meeting etc. ein Wissens-ABC anlegen, damit wir **AKTIV-KREATIV zuhören**. Auf diese Weise sorgen wir dafür, daß wir die geistigen Türen und Fenster öffnen, die bei Langeweile zufallen! Also ist bewußtes Lernen für alles angesagt, was wir in unserm EPISODISCHEN Gedächtnis speichern wollen. Wenn wir später eine Erinnerung an diese „Episode" unseres Lebens haben, dann lernen wir gut! In diesem Abschnitt geht es jedoch um eine Ausnahme, nämlich PASSIVES HÖREN von Informationen.

Das PASSIVE HÖREN erlaubt uns, Infos zu HÖREN, während wir **andere Dinge tun**. Das Lernmaterial „läuft" also an unserem Bewußtsein **vorbei** in unser Unbewußtes, das es „bearbeitet". So können die not-

Diesen Prozeß beschreibt Manfred SPITZER sehr anschaulich, als rufe der Teil des Gehirns mit der „kleinen Festplatte", die er an den Cortex übergeben muß: „Hippocampus zu Cortex!" Wenn das Großhirn antwortet „Cortex hier!", beginnt der HC die Info „abzuladen" etc. (in: *Geist im Netz*, s. Literaturverzeichnis).

wendigen Nervenbahnen im Hirn aufgebaut werden. Normalerweise passiert dies bei Infos, die in unser sogenanntes **semantisches (Wort-)Gedächtnis** wandern sollen **nachts**, während wir schlafen. Ein Gehirnteil namens Hippocampus „lädt" die Infos ins Großhirn (Cortex), in dem er die Infos in vielen Wiederholungen so lange „abspielt", bis sie „angekommen" sind. Da wir schlafen, müssen wir diesen langweiligen Lernprozessen nicht zuhören.

Aber in der Schule meint man, man müßte sich mit langweiligen Wiederholungen bewußt quälen, immer und immer wieder, auch wenn uns dabei die Füße einschlafen. Das aber ist nicht gehirn-gerecht, denn wenn wir uns **langweilen**, werden sämtliche Eingänge für Neues verschlossen, so daß dieses Pseudo-Lernen extrem streßig wird, viel Zeit und Mühe kostet und extrem wenig „bringen" kann. Deshalb glauben so viele Menschen, Lernen sei schwer, unangenehm, frustrierend etc. Es liegt aber nur am falschen Lernen, nicht am Lernen per se. Deshalb sollten wir bewußt INTERESSANTES tun und das LANGWEILIGE eher dem Unbewußten anvertrauen. Eben deshalb hat die Natur diesen Prozeß erfunden, der im Schlaf abläuft. So müssen wir die Infos vor einer Prüfung nur kapieren und durchdenken, das eigentliche „Pauken" tut das Gehirn ohne unsere Überwachung. Übrigens gibt es ein enorm wichtiges Fazit daraus:

> Viele Lernende (SchülerInnen, Azubis, StudentInnen, erwachsene KursbesucherInnen) machen den extrem schlimmen Fehler, vor Prüfungen halbe **Nächte** durchzubüffeln. Das meiste dieses Prüfungswissens muß via Hippocampus ins SEMANTISCHE Gedächtnis (in den Cortex) gelangen. Je länger wir aber lernen und je weniger wir schlafen, desto weniger Zeit bleibt dem Hippocampus, seine Infos „abzuladen", das heißt **wir verhindern genau das, was wir zu erreichen versuchen.**

Mehr Details im Zwillings-Buch *Trotzdem LEHREN* oder bei Manfred SPITZER in: *Geist im Netz*.

Dasselbe gilt für die Vorbereitung wichtiger Verhandlungen oder Meetings, für die wir oft kurzfristig wichtige Infos über die Kunden, ihre Produkte, ihre Probleme etc. lernen müssen. Wenn wir mehr schlafen würden, wären wir auch hier weit besser vorbereitet!

Die Technik des PASSIVEN Hörens erlaubt es uns, notwendige Wiederholungen auch **tagsüber** vorzunehmen.

Ich begann bereits 1969 zu ahnen, daß passive Aufnahme von Info möglich sein müßte (erste Hypothese). Bald begann ich, die Technik des PASSIVEN Hörens zu entwickeln. Es war allerdings damals extrem schwierig, denn es gab keine handlichen Abspielgeräte und schon gar keine, die eine Passage „unendlich" wiederholen konnten, was beim PASSIVEN Hören notwendig ist.

Damals lernten wir (dank aller „Versuchskaninchen", die damals mitgemacht hatten, vor allem meine amerikanischen Freunde 1970 bis 1972) durch Versuch und Irrtum mühselig, **daß** es geht! Heute wissen wir aus der Gehirn-Forschung, **warum** es funktioniert, aber für die tägliche Praxis reicht es zu wissen, **daß** es funktioniert.

Das einzige Problem besteht darin, daß manche Menschen ganz am Anfang mit der Forderung, PASSIV zu hören, Probleme haben. Es ist so ähnlich, wie bei ersten Entspannungs-Übungen des klassischen Autogenen Trainings (nach J. H. SCHULZ); wir müssen unsere Beine und Arme anweisen: „Entspanne dich!" Ein Befehl bedeutet aber Anspannung statt Entspannung. Damit kämpfen manche Neulinge bei den ersten Versuchen. Leider geben viele auf, weil sie so ungeduldig sind; nach ein, zwei Versuchen jammern sie bereits: „Kann ich nicht!"

Am leichtesten können Sie sich das so vorstellen: Sie sitzen in einem Straßen-Café und wollen in dem neuen Bestseller schmökern, den Sie eben gekauft haben. Am Nebentisch nehmen gerade vier Touristen Platz (Griechen? Slawen?). Sie verstehen ihre Sprache nicht, aber die Leute reden ziemlich laut. Unverschämtheit! Da quatschen die fröhlich und amüsieren sich! Und Sie wollen lesen! Zeitsprung: Eine Stunde später schauen Sie von dem überaus spannenden neuen Buch auf und reiben sich die Augen: Wo sind die Leute vom Nebentisch? Dort sitzt jetzt eine alte Dame und genießt einen Bananen-Split, und Sie haben keine Idee, wann die lauten Touristen gegangen sind und die Dame Platz genommen hat. Sehen Sie: Das Gespräch der Touristen haben

Heute mit CD.s, Mini-Disks, MP3-Player etc. ist es heute kinderleicht. Des weiteren gibt es federleichte kleine Plastik-Kopfhörer, die man lässig vor oder hinter die Ohren hängen kann, so daß man nebenbei PASSIV hört, während man offiziell konzentriert und AKTIV andere Dinge hören kann (Musik, Radio, Fernsehen, Video, DVD etc.).

Jeder Pianist, Skiläufer, Rennfahrer, Schriftsteller etc. hat es immer und immer wieder versucht. Gerade am Anfang besitzen wir noch keine Nervenbahnen für die neue Tätigkeit, also werden wir ein wenig „kämpfen" müssen, ehe wir „es" zum ersten Mal schaffen.

Sie (nach anfänglichen Schwierigkeiten) **PASSIV** „gehört". Allerdings haben Sie nichts verstanden und demzufolge auch nichts gelernt. Denn:

> Passives HÖREN funktioniert nur mit Lernstoff, den Sie KENNEN, aber noch nicht auswendig (auf-)sagen oder aufschreiben können.

(Randnotiz: erst be- greifen, dann PASSIV lernen!)

Sie haben das Material bereits **begriffen** (deshalb entspricht das PASSIVE Hören ja keinem hirnlosen, sturen PAUK-Vorgang, sondern einem **intelligenten** Lernen). Nur daß wir nicht auf die Nacht warten, um das, was wir begriffen haben, zu transferieren. Trotzdem hat es wenig Sinn, es BEWUSST lernen zu wollen, denn die vielen notwendigen Wiederholungen würden uns langweilen und damit die Aufnahme ins Gedächtnis geradezu VERHINDERN. Alles klar?

Welches Material kann man passiv lernen? Neben **Fremdsprache-Lektionen** jede Art von Text, den wir normalerweise mehrmals lesen würden, insbesondere Texte, die wir später auswendig aufsagen müssen. Damit kommen wir zur Praxis des PASSIVEN Hörens.

Welche Materialien können wir passiv lernen?

Die folgenden (wenigen) Beispiele sollen Ihnen **Appetit** machen. Wenn Sie eine spannende weitere Anwendung finden, schreiben Sie mir in die WANDZEITUNG auf **www.birkenbihl.de**, damit andere angeregt werden, selbst zu experimentieren. Nichts motiviert so sehr wie Erfolgsberichte von MitstreiterInnen.

1. GESCHICHTE (klassische „Lern-Texte")

Texte auf Band sprechen: Wer gut vorliest, kann unvorbereitet rezitieren, ansonsten erst einmal lesen und manche Stellen streichen, dann laut lesen. Wer besonders ungern liest, lesen lassen!

(Randnotiz: Geschichte)

Vielleicht wollen Sie mit mehreren Mit-LernerInnen gemeinsam eine Text-Ton-Börse bilden und hinterher die Soundtracks austauschen. So muß niemand das ganze Geschichtsbuch auf Band vorlesen. Falls Sie zu denen gehören, die ungern laut vorlesen, bieten Sie der Gruppe andere Dienstleistungen an, z.B. das Kopieren für alle im Team, damit die anderen Ihnen Ihre Lesungen zur Verfügung stellen.

2. NATURWISSENSCHAFTEN (alle!)

Wie GESCHICHTE, nur daß hier die Gefahr besteht, Texte mit vielen Formeln vorzulesen und später PASSIV zu hören, wiewohl man sie nicht versteht. Merke:

> Was Sie bewußt nicht kapieren, können Sie unbewußt auch nicht lernen! So hat die Natur es eingerichtet. Und wir sehen überall um uns herum tagtäglich die Probleme, die entstehen, wenn man ge-hirn-UNGERECHT vorgehen will: Frust, Streß, das Gefühl, man sei „blöd", unbegabt etc.

Übrigens

Es ist ein alter Schriftsteller-Geheimtip, daß man nur beim lauten Lesen feststellen kann, ob ein Text wirklich „funktioniert". Wenn sich ein Satz nicht gut vorlesen läßt, stimmt etwas nicht. Hat man ein Wort vergessen? Ist eines doppelt, weil man den Satz umgestellt hat? Ist es in der falschen Form, Zeit etc.? Wir müssen immer bedenken, daß unser Gehirn dazu neigt, Lücken zu füllen und Fehler zu korrigieren. Deshalb ist es so schwer, Fehler zu finden (Korrektur zu lesen). Außerdem kann das Auge schnell über den Text huschen, ganze Zeilen auslassen etc. Wenn wir jedoch Wort für Wort LAUT lesen, dann müssen wir wirklich jedes Wort aussprechen, und dann HÖREN wir beim Lesen bereits, wo etwas nicht stimmt. Aber selbst danach kann es sich lohnen, eigene Texte mehrmals zu hören, denn: Beim ersten Mal, wenn wir unseren Text hören, neigen wir dazu, ihn für ziemlich gut zu halten. Schließlich haben wir das ja gerade erst geschrieben, nicht wahr? Wenn wir ihn aber mehrmals AKTIV hören, dann stellen wir nach einer Weile fest, daß wir die Tendenz verspüren, gewisse Textpassagen mit FF zu überspringen (= FastForward). Merke:

> Was uns selbst beim dritten Mal langweilt, langweilt andere beim ersten Mal!

Wer mehr über meine Technik wissen möchte, es gibt ein kostenloses e-book auf meiner Website **www.birkenbihl.de**. Auf der Homepage sehen Sie eine gezeichnete Figur mit einer „Denkblase", dort finden Sie redaktionelle Beiträge, Nr. 5 ist „Steine im Fluß".

Diese Technik ist auch ein hervorragendes Training für FREIES SPRECHEN, z.B. wenn wir einen Vortrag, ein Seminar, eine Präsentation beim Kunden etc. vorbereiten müssen. Wir arbeiten so ähnlich, nur sprechen wir diesmal frei. Ich nenne diese Technik STEINE IM FLUSS, nach dem Motto: Wir werden nicht ins „Schwimmen" geraten und das „Wasser" wird uns nicht „bis zum Hals" steigen, weil wir vorab STEINE vorbereitet haben, auf denen wir den Fluß überqueren können. Jeder STEIN ist ein Denk-Modul – je mehr wir im Fluß liegen haben, desto (selbst-)sicherer sind wir später beim Vortrag.

3. PROSA & GEDICHTE

Wer sein Sprach-Gefühl stärken will, kann nichts besseres tun, als sich mit der Sprache zu umgeben, die Vorbild-Funktion haben kann. Es lohnt sich, gute Prosa- und Gedicht-CD.s zu kaufen und sich diese Sprache „reinzuziehen", mal AKTIV (auf Reisen, beim Warten in Warteschlangen, beim Joggen etc.) und mal PASSIV. Wie GOETHE schon sagte: „Sage mir, mit wem du gehst, und ich sage dir, wer du bist." Wir können auch sagen: Ob wir wie ZLATKO (aus der ersten Big Brother-Staffel) klingen oder wie ein Mensch, der Sprache als mächtiges Denk-Instrument nutzen kann, hängt von der Umgebung ab, in der wir leben. Wir können aber mittels guter CD.s eine neue Umwelt schaffen, die uns unterstützt. Dies ist besonders wichtig für Menschen, die in sogenannten „bildungsfernen" Familien aufwachsen (oder aufwuchsen), weil sie sprachlich oft eine Wüste erlebten. Wenn dann die jungen Leute in der Disco auch noch in Satzfetzen daherreden („Echt geil der Sound, eeeh?"), dann werden wir auch so „daherreden", egal wie sehr wir dies bedauern mögen. Also: Wenn Sie sich sprachlich entwickeln wollen, müssen Sie Ihrem Hirn zeigen, was Sie suchen!

4. DREHBÜCHER (für Schauspieler)

Gehen Sie den Text einmal langsam und bewußt durch und sprechen Sie dabei alle Rollen auf Band: Die anderen Stimmen schnell und relativ leise, die **eigene lauter und langsamer**. Allerdings sollte der Unterschied in der Lautstärke nicht dramatisch sein, weil Sie ja später auch PASSIV (also im Hintergrund) hören wollen. Diese Aufzeichnung können Sie später natürlich auch AKTIV hören und dabei z.B. visualisieren, welche anderen Figuren wo herumstehen und was sie tun. Oder aber Sie können mit ABC-Listen die wichtigsten Schlüsselworte der Szenen erfassen. Spielen Sie dazwischen aber immer wieder PASSIV, während Sie lesen, fernsehen, Briefe schreiben etc. Damit unterstützen Sie den Prozeß des Anlegens von Nervenbahnen, so daß Sie **weit weniger Zeit für aktives Lernen investieren** müssen!

5. SPRACHENLERNEN

Da ich meine Methode an anderer Stelle ausführlich beschrieben habe (s. nächste Seite, Kasten) hier nur folgendes: Vokabel-Pauken (wie jede Form stupiden Paukens, vgl. *Passives Lernen*, Seite 85f.) ist bei der Birkenbihl-Methode VERBOTEN. Grammatik ist erlaubt, aber unnötig. Wenn man sich damit befassen möchte (oder muß), bitte immer erst hinterher und an bekannten, vertrauten Stellen des Textes „festmachen" (statt an neuen Sätzen). Außerdem wird ein Großteil der Arbeit ans Unbewußte delegiert, indem wir PASSIV HÖREN. Tatsache ist, daß ich das PASSIVE Hören vor einem Vierteljahrhundert zum **Sprachenlernen** entwickelte und erst ab 1990 begann, mit anderen Inhalten zu experimentieren.

> Eine kurze Beschreibung finden Sie in der TEXT-SCHUBLADE auf der Homepage von **www.birkenbihl.de** (Text Nr. 17). Beschreibungen in anderen Sprachen (derzeit Englisch, Polnisch – weitere in Planung) finden Sie, wenn Sie auf der Homepage (unten rechts) BIRKENBIHL INTERNATIONAL anklicken und dann dort in der Kategorie 2 (vfb-Texte in anderen Sprachen) nachsehen. Eine ausführliche Erklärung enthält mein Buch Sprachenlernen leicht gemacht, derzeit in der 28. Auflage. Unter BIRKENBIHL INTERNATIONAL Kategorie 1 können Sie nachsehen, in welche Sprachen dieses (oder jedes andere) Buch übersetzt wurde, falls Sie FreundInnen oder SchülerInnen aus oder in anderen Ländern nach meiner Methode unterrichten wollen. Übrigens suchen wir LehrerInnen, die das tun wollen – eine grundsätzlich autodidaktische Methode für jene Menschen unterrichtstauglich zu machen, die in einer Gruppe lernen wollen. Denn der letzte Schritt meiner 4-Schritt-Methode heißt Aktivitäten (sprechen, lesen, schreiben) – und da kommen halt viele allein nicht klar.

Stadt-Land-Fluß-Spiele +++ *

Natürlich kennen die meisten Menschen das „alte" Stadt-Land-Fluß-Spiel, aber ich entdeckte vor vielen Jahren, welche unglaublichen Chancen diesem „Kinderspiel" innewohnen.

Dieses Spiel ist in manchen Gegenden (z.B. in der Schweiz) als GEOGRAFIE-Spiel bekannt.

Sie erinnern sich? Wir nahmen ein Blatt, teilten es in drei Spalten ein und überschrieben diese Stadt, Land und Fluß. Dann begann ein/e SpielerIn leise das Alphabet zu murmeln und jemand rief „Stop!". Daraufhin sagte er/sie den Buchstaben (z.B. „S") und wir alle schrieben je eine Stadt mit „S" (San Francisco), ein Land (Schweden) und einen Fluß (Seine).

	STADT	LAND	FLUSS
S	San Francisco	Schweden	Seine
G	Glasgow	Georgien	Ganges
R	Rom	Rumänien	Rhein

---

* Mit „+++" wollen wir andeuten, daß man jedes er-DENK-liche Thema wie ein Stadt-Land-Fluß-Spiel spielen kann.

Dieses Spiel macht Spaß, aber es ist auch enorm wichtig **für unsere geistige Entwicklung**, denn es zeigt uns den Unterschied zwischen **aktivem** und **passivem Wissen**. Wer lange nicht mehr (oder noch nie) gespielt hat, wird sich anfangs „schwer tun". Wer hingegen regelmäßig spielt, kann pro Buchstabe sogar mehrere Lösungen notieren, ehe die anderen nur eine gefunden haben! Im Klartext:

> Das Spiel stellt eine hervorragende kleine **Inventur** dar: Was wissen wir? Was fällt uns (heute) ein?

Das ist wichtig: An unterschiedlichen Tagen fallen uns andere Lösungen ein. Wenn gestern in den Nachrichten von einer Schule in Sizilien die Rede war, dann fällt uns bei einem Land mit „S" wohl eher Sizilien ein als Schweden. Und wenn wir unter Land mit „G" **Georgien** eingetragen haben, ist bei „R" **Rumänien** wahrscheinlicher, vielleicht auch **Rußland**, als die **Republik Sahara** (in Nordwest-Afrika).

Aber was viel wichtiger ist: Wer sagt denn, daß wir immer nur Städte, Länder und Flüsse spielen dürfen??? Natürlich können wir jede Kategorien wählen. Ich kann heute überhaupt nicht mehr fassen, daß wir das damals nie getan hatten, denn wir spielten das Spiel oft! Wir könnten also alles spielen, so auch:

ALLES ist MÖÖÖG-lich

B A U M
Stechpalme
Gingko
Roßkastanie

B E R U F
Schreiner
Gärtner
Rechtsanwalt

T I E R
Spinne
Gemse
Rhinozeros

Tja, dann könnten es auch Themen sein, die gerade in der Schule „dran" sind:

BIOLOGIE
Zellteilung
RNS

GESCHICHTE
Zeitalter
ROM

DEUTSCH
Zeitwort
reflexive Verben

sogar "Schulzeugs"

Allerdings müssen es ja keine drei Spalten sind: Wir können mehr oder weniger spielen. Wenn wir nur eine (senkrecht) spielen wollen, sind wir bei der ABC-Liste angelangt (s. Seite 21f.). Auf alle Fälle gilt: Kategorien (Themen), die wir oft spielen, können wir bald gut spielen: Das nennen wir den **Stadt-Land-Fluß-Effekt**©.

Stadt-Land-Fluß-Spiele: Warum sie so wichtig sind

Über die PRAXIS des Spiels mit seinen Varianten und dem Stadt-Land-Fluß-Effekt© (oder Experten-Bonus) sprachen wir gerade. In diesem Abschnitt möchte ich Ihnen etwas Hintergrundwissen anbieten (Sie können den Abschnitt auch überspringen).

*Die Relation zwischen **unbewußten** und **bewußten** Vorgängen im Hirn kann mit 11 km (unbewußt) gegen 15 mm (bewußt) beschrieben werden.*

Die **11 km** (s. Rand) enthalten unter anderem unser **unbewußtes** (passives) Wissen (ich nenne das unsere **Katakomben des Unbewußten**©), es ist unser **inneres Archiv**© und die Frage ist nicht nur, was dort „lagert", sondern **ob wir auf unser Wissen zugreifen können**. Merke:

> Alle assoziativen Spiele trainieren unsere Zugriffs-Möglichkeiten, daher: Wenn Sie Ihre Lern- oder Hausaufgaben assoziativ durchführen können, dann tun Sie es.

Denn so aktivieren Sie die „Mitarbeiter" in Ihren Katakomben:

1. SPIELEN wir **ein Thema** zum **ersten Mal**, dann bieten uns die Katakomben-Mitarbeiter gar nichts; die Kisten und Kasten bleiben zu und nur unser Oberflächen-Wissen (das dementsprechend oberflächlich ist), steht zur Verfügung. Wer über dieses Thema noch nie oder nur selten reflektiert (hat), wird jetzt nicht viel assoziieren können („Da fällt mir nichts ein …").

2. SPIELEN wir **ein Thema wiederholt**, dann beginnen die Katakomben-Mitarbeiter einige Schubladen zu öffnen, also „fallen uns" erste **Assoziationen** „ein" („zu").
SPIELEN wir z.B. **Blumen**, dann fällt uns (oberflächlich) vielleicht die Rose ein. Geben wir schnell auf („Mir fällt leider nichts mehr ein!"), dann brauchen diese Mitarbeiter uns weiter nichts mehr zu bieten. Bleiben wir hingegen am Ball und geben uns mit dem bißchen **nicht** zufrieden, dann **müssen** die Mitarbeiter mehr herausrücken, **weil** wir Gehirn-Besitzer es **fordern**!
3. Aber wir müssen immer **mehrmals fordern**, bis die Mitarbeiter sich „rühren", denn normalerweise besteht ihre Aufgabe nämlich darin, die Kisten **geschlossen** zu halten, damit wir durch Milliarden Fakten, Gedanken, Hypothesen, Ideen etc. nicht „erschlagen werden".
4. Wenn wir aber **ein Thema mehrmals SPIELEN**, dann **müssen** die Katakomben-Mitarbeiter die Kisten **immer wieder öffnen (und schließen)**.

Nach einer Weile wird ihnen das zu dumm, und **sie lassen die Kiste** (z.B. **Blumen) gleich offen stehen**. Allerdings bleibt sie nur so lange offen, wie wir **regelmäßig** fragen und so den **Stadt-Land-Fluß-Effekt**© auslösen (s. Rand).

Deshalb sind wir übrigens nach den Ferien und dem Urlaub regelrecht „behindert", bis wir die Mitarbeiter in den Katakomben dazu motivieren können, die Kisten erstens überhaupt wieder zu öffnen, und sie zweitens auch wieder offen zu lassen. Und darum brauchen wir unter Umständen **nach drei Urlaubswochen** eine Arbeitswoche: Wir haben bestimmte Gedankengänge längere Zeit nicht verfolgt oder bestimmte Formulare nicht ausgefüllt, wir haben bestimmte Infos nicht mehr „griffbereit", wir lösten keines unserer normalen Probleme etc. Wir sehen bereits einen **abgeschwächten Effekt**, wenn die Arbeitswoche beginnt: Man braucht am Montag ca. **einen halben Tag**, um die **3-Tages-Pause von Freitag** (nach-)mittags **bis Montag früh**

Dieser Effekt beschreibt die Tatsache, daß Leute, die viel Stadt-Land-Fluß (inkl. anderer Wissens-Spiele) spielen, viel über ihr Thema wissen und auf dieses Wissen auch schnell zugreifen können!

auszugleichen! Das ist einer der Gründe, warum Arbeitgeber Feiertage hassen – hier entsteht oft eine **4-Tages-Unterbrechung**, was den Effekt bereits merklich verschärft!

[Randnotiz: wieder zu!]

| Hören wir auf, über ein Thema **regelmäßig** nachzudenken oder es zu **trainieren**, dann werden die betreffenden Kisten in den Katakomben wieder **geschlossen**!

Deshalb rate ich allen, die Wissen aktivieren wollen: Je häufiger Sie Stadt-Land-Fluß mit Ihren wichtigen Themen spielen, desto stärker wird der Experten-Bonus (Stadt-Land-Fluß-Effekt©), den Sie dabei gewinnen. Es macht nicht nur Spaß zu spielen, sondern es bringt kumulative Vorteile, die sich graduell an-REICH-ern. Ähnlich wie gewisse Schadstoffe sich kumulativ im Boden, in Flüssen oder im menschlichen Körper ansammeln können, so auch hier. Nur **hier sammeln wir Wissen an, daß wir jederzeit aktivieren** (auf das wir jederzeit zugreifen) **können**. Ein Super-Gewinn, nicht wahr?

[Randnotiz: jedes Thema. echt!]

Wir können JEDES THEMA SPIELEN:

- **Natur** (z.B. Baum, Blume, Tiere)
- **Gegenstände** (z.B. Autos, Musikinstrumente, Gebäude)
- **Berühmte Menschen** (z.B. KomponistInnen, MusikerInnen, SängerInnen, MalerInnen, BildhauerInnen, SchauspielerInnen)
- **Berühmte Charaktere** (z.B. SUPERMAN, HAMLET, Sherlock HOLMES, MICKEY MOUSE, Spock)
- **Geistesprodukte** (z.B. Sinfonien, Stories, Romane)
- **Große Ideen** (z.B. Theorien in den Naturwissenschaften)
- **Sprüche** (z.B. Sprichwörter, Redewendungen, Bibel-Zitate)

Die Liste ist endlos!

(Ein) THEMA „durchdenken"

Was wir in der Schule meist nicht lernen: wie man ein Thema alleine „durchdenkt". Kinder in Familien, in denen dies vorgelebt wird, lernen es daheim, Kinder aus sogenannten „bildungsfernen" Familien können es zu Hause nicht lernen.

Nicht umsonst ist Deutschland trauriger Sieger der PISA-Studie 2000, wenn um die größte Kluft zwischen denen, die „Bildung haben", und den anderen geht. Bei uns steht die Chancengleichheit nur auf dem Papier, wir sind Sieger (unter 32 Ländern) im Niederhalten jener, die diese Dinge zu Hause nicht lernen können. Deshalb ist diese Technik für viele eine wichtige und wertvolle Hilfe. Beginnen Sie die folgende Technik „sklavisch" anzuwenden, bis Sie sie gut im Griff haben, ab dann variieren Sie!

So lernen Sie, was Ihnen noch kaum eine Lehrkraft beibringt – zumindest noch nicht. Hoffentlich ändert sich das bald ...

Schritt 1: Notieren Sie das Thema, um das es heute gehen soll (z.B. einen Begriff, über den Sie nachdenken wollen; ein Thema, das demnächst im Unterricht auftauchen soll etc.).

Schritt 2: Beginnen Sie mit einem ABC (vgl. *ABC-Listen*, Seite 21f.) von kurzer Dauer (z.B. **2 Minuten**). Dabei wandern Sie mit den Augen „rauf und runter" und tragen dort etwas ein, wo Ihnen etwas einfällt. Es geht **nicht** darum, alle Buchstaben zu „schaffen", sondern das Ziel besteht darin, eine kleine schnelle INVENTUR vorzunehmen und festzustellen, welche Assoziationen uns „zufallen".

Schritt 3: Wählen Sie mindestens zwei Begriffe aus, zu denen Sie ein schnelles WORT-Bild (KaWa©) anlegen.

Wenn Sie zwei KaWa.s© à 2 Minuten anlegen, hätten Sie bisher insgesamt ca. 6 Minuten investiert, aber bereits einen ganz guten Überblick gewonnen! Sie haben entweder festgestellt, daß die Ideen nur so sprudelten (Sie also schon einiges wissen!), oder aber gerade nicht!

Schritt 4: Entscheidung – Wissen wir genug (für unseren Zweck)? Haben Sie genug Material, um weiterzumachen? Falls uns extrem wenig eingefallen wäre, können Sie einige Dinge unternehmen, z.B.:

1. Spielen Sie Stadt-Land-Fluß mit diesem Thema in der Gruppe und lernen Sie von Ihren Mitspielern (dies geht auch per Fax und e-mail). Wen könnten Sie motivieren, mitzumachen? Wenn ich das Thema Sprachbewußtsein als Stadt-Land-Fluß-Variation aufziehen würde, könnten einzelne Kategorien Begriffe aus der ABC-Liste sein, z.B.: EUPHEMISMEN, (Wahrnehmungs)-FILTER, METAPHERN ...

2. Spielen Sie das Zitate-Spiel und suchen Sie sich einige Zitate zum Thema, die Sie studieren. Dabei kann es auch hilfreich sein, zu jedem Zitat einen kurzen Kommentar zu schreiben (vgl. ZITATE-VERGLEICHS-SPIEL, Seite 116ff.).
3. Sprechen Sie mit Leuten, die mehr über das Thema wissen (müßten).
4. Formulieren Sie einige Fragen, die Ihr derzeitiges Nicht-Wissen festhalten (in einigen Tagen oder Wochen werden Sie einige davon beantworten können!)

Schritt 5: In die Tiefe gehen

Wie tief wollen Sie derzeit nachdenken? Wie tief wollen Sie gehen? Vor allem über einen längeren Zeitraum können Sie einiges erreichen, indem Sie z.B.:

1. ABC-COUVERT spielen (täglich 1 bis 2 ABC.s schreiben und wegpakken (z.B. in ein Couvert) und erst nach einigen Tagen zusammen her ausnehmen, vergleichen und konsolidieren.
2. Eine der Zitate-Spiel-Variationen (z.B. täglich ein Zitat als Tagesmotto und immer wieder mal kurz darüber reflektieren) mit mindestens 10 Zitaten spielen.
3. Täglich ein (kurzes) Telefonat mit jemandem zum Thema Ihres derzeitigen Interesses (inklusive Leuten, die auf diesem Gebiet Laien sind, weil diese oft zumindest gute Fragen beisteuern können).
4. Sie ZEICHNEN! Versuchen Sie das Problem zeichnerisch zu erfassen (zumindest Teile davon). Egal was dabei herauskommt, die Aufgabe als solches schärft Ihr Denken bereits. Indem Sie versuchen, von den Worten „loszukommen", können Sie auf andere Gedankenbahnen „umschalten", selbst wenn Sie nichts zeichnen.

Schritt 6: Steine im Fluß

Falls Sie derzeit mit diesem Thema eine Rede, ein wichtiges Meeting oder eine Prüfung vorbereiten wollen, sollten Sie als Schritt 6 „Steine im Fluß" (Seite 90) erwägen!

TRAINING: Körperliches Lernen

Wenn wir Verhalten lernen wollen, ob dies eine Sportart ist oder ein Musik-Instrument, ob wir ein Instrument anderer Art (z.B. ein Computer-Keyboard) beherrschen wollen: Bei jeder klar definierten Tätigkeit gelten folgende Regeln für Lernen des Körpers (im Gegensatz zu Inhalten einer Art, die unser Kopf begreifen muß).

Ich habe an anderen Stellen (In: *Stroh im Kopf?* und *Das innere Archiv*) bestimmte Aspekte beschrieben.

1. Gaaaaaaaaaaaaaanz laaaaaaaaaaaangsam

Stellen wir uns vor, daß wir eine Gruppe von Mitarbeitern im Gehirn sitzen haben, die gefragt sind, wenn wir HANDELN wollen: Wie Marionettenspieler müssen sie die richtigen Drähte „ziehen", daß wir uns bewegen können. Eine andere Gruppe ist dafür zuständig, daß eine Nervenbahn für den Lernprozeß aufgebaut wird (vom Trampelpfad im neuronalen Dickicht bis zur Daten-Autobahn). Wenn aber beide gleichzeitig arbeiten müssen, stören sie sich gegenseitig (sogenannte Interferenz), so daß keine der beiden Gruppen optimal arbeiten kann. Merke:

☛ Je schneller wir üben, desto stärker ist diese Interferenz!

Deshalb sollten wir möööööööööööglichst laaaaaaaaaaaaangsam üben! Am besten in extremer Zeitlupe. Übrigens kennen wir das Prinzip: **Tai Chi** ist nichts anderes als **Kampfkunst in extremer Zeitlupe.** Es bringt dieselben physiologischen Vorteile und könnte später, wenn die Nervenbahnen einmal aufgebaut wurden, relativ leicht zu normalem Tempo „ausgebaut" werden. Dasselbe gilt, egal was wir lernen wollen. Je langsamer, desto besser!

Das bringt uns auch zum nächsten Punkt: Am besten funktioniert das Anlegen der Nervenbahnen, wenn wir gar nicht real handeln, also nur im Geist, also MENTAL.

Bitte bedenken Sie: Wenn Sie beginnen, eine neue Nervenbahn anzulegen, dann kann der Impuls mit ca. 3 m/Sek. „reisen", d.h. noch ziemlich langsam. Nach einer Menge Training aber wird diese Nervenbahn myelisiert (mit einer Schutzschicht überzogen), dann kann der Impuls mit 110 m/Sek. reisen, d.h. dann wird es „echt schnell". Aber nur, wenn Sie lange genug gaaaaaaaaanz laaaaaaaangsam üben. Alles klar?

2. REAL/MENTAL

Wenn Sportler eine Abfahrt mental hinunter (ski-)fahren, dann wissen wir: Sie üben MENTAL, was sie schon tausendmal REAL gemacht haben. Aber wie übt man neue Handlungsweisen MENTAL, wenn man noch nicht genau weiß, wie es geht? Tja, das fragte ich mich auch, ehe ich ca. 1985 die folgende Technik erfand (die sich inzwischen hervorragend bewährt hat!); als „Computer-Programm" geschrieben, könnten wir sagen:

Schritt 1: Übe ein kleines Stück REAL.
Schritt 2: Wiederhole es geistig (MENTAL).
    Zurück zu Schritt 1

3. Kurze Units (2 Takte statt 20)

Nach dem, was wir inzwischen wissen, dürfte auch diese Regel schon klar sein: Je kürzer die Einheit ist, die wir trainieren, desto besser.

nur für TRAINING (TUN) nicht für DENK-Prozesse

Übrigens: Der Weg der kleinstmöglichen Schritte gilt nur für Verhalten (Tun, Training), nicht für geistige Prozesse, wie viele Lehrpersonen uns weismachen wollen! Wir sind umgeben von Sprache in ihrer gesamten Komplexität, und trotzdem lernen kleine Kinder die Sprache. Wenn wir ihnen immer nur anbieten würden, was irgendwelche Pädagogen richtig fänden (Zwei-Wort-Sätze, Drei-Wort-Sätze etc.), dann würde kein Kind sprechen lernen! Das Gehirn zieht sich immer nur das heraus, was es derzeit verarbeiten kann. Solange man den Gehirn-Besitzer nicht zwingen will, bestimmte Dinge zu bestimmten Zeiten zu können (wie in der Schule), was genau die Lernprobleme auslöst, die man angeblich lösen will!

Aber bei Tätigkeiten gilt dies: Kleinste Module werden später zusammengesetzt. Deshalb kann jemand Golf lernen, indem er z.B. seinen DRIVE separat vom EINLOCHEN übt, was bei geistigen Prozessen sinnlos wäre. Dies liegt daran, daß Prozesse via Sprache über eine Hirn-Struktur (den Hippocampus) laufen, der bei reinem TRAINING nicht beteiligt ist! (Vgl. „HC zu Cortex", im Abschnitt *Passives Lernen*, Randbemerkung auf Seite 86).

4. Möglichst variabel üben

Kinder tun es intuitiv, bis Erwachsene es verbieten – aber Kinder haben recht. Variieren wir z.B. beim Klavierspiel das Tempo, die Lautstärke, spielen LEGATO als STACCATO und umgekehrt, spielen Pedal-

Stellen ohne und umgekehrt – so üben wir richtig. Je gleichmäßiger und gleichförmiger jemand übt, desto schmäler ist das Spektrum dessen, was er a. selbst erlebt und b. dessen, was er an potentiellen Erfahrungen aufbaut.

5. Kurze Trainingsdauer (aber regelmäßig)
Jeden Tag einige Minuten (z.B. ein bis zwei ABC-Listen zu wichtigen Themen) bringt am meisten. Der Volksmund weiß das seit langem: Mäßig aber regelmäßig. Dies gilt genauso für die TÄTIGKEIT des assoziativen Denkens wie für sportliche Tätigkeiten, dem Üben auf einem Musik-Instrument oder einer Technik jedwelcher Art.

UNBEWUSST lernen?

Das normale Lernen in der Natur läuft weitgehend unbewußt ab, Frank SMITH nennt es **beiläufig** (incidental learning) und weist darauf hin, daß der Lernprozeß eben deshalb de facto „unsichtbar" zu sein scheint. Nur wenn wir bewußt etwas lernen wollen, können wir uns gar nicht vorstellen, daß wir extrem viel unbewußt gelernt haben und weiter lernen.

Vgl. „Shopping-Center", Seite 49.

VERGLEICHS-Spiele

Nachdem das VERGLEICHEN einer der mächtigsten Neuro-Mechanismen ist, die wir kennen, sollten wir ihn aktivieren, wo immer es geht. Einige der besten NLL-Tricks funktionieren so gut, weil sie das Element des VERGLEICHENs beinhalten (was mir bei ihrer Entwicklung im letzten Jahrzehnt nicht immer sofort klar war). So profitieren folgende Strategien in diesem NLL-Trick-ABC (zumindest auch) von der Tatsache, daß wir VERGLEICHEN (einige alphabetische Bespiele):

- DEFINITIONS-VERGLEICHS-SPIEL
- MUSIK: THEMA MIT VARIATIONEN & Analogie mit Texten, Bildern etc.
- METAPHERN-SPIEL (vergleicht Aspekte verschiedener Metaphern)

- ROLLENSPIELE (BIRKENBIHL-TECHNIK)
- VERGLEICHEN (was immer)
- ZITATE-VERGLEICHS-SPIEL

Beginnen wir mit einem kleinen Vergleichs-Spielchen, das uns in einige faszinierende Aspekte von Vergleichs-Denken einführen wird.

VERGLEICHS-Spiel: Kategorien-Denken

Stellen Sie sich vor, wir wollten die drei Instrumente (alphabetisch: **Flöte**, **Geige** und **Trompete**) in nur zwei Kisten verpacken. Die Ober-Kategorie „Instrumente" soll jetzt in zwei Unter-Kategorien eingeteilt werden. Wie könnten diese beiden Kisten beschriftet werden? Ihr Vorschlag: _____

2 Kisten

Frage: Gäbe es noch eine andere Möglichkeit, diese drei Instrumente in nur zwei Kisten zu verpacken? Welche? Warum? Wie ändern sich dann die Beschriftungen?

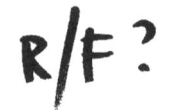

R/F?

Frage: Kann es bei dieser Art von Fragen ein RICHTIG oder FALSCH geben oder nur unterschiedliche Ansichten?
❏ Nur RICHTIG oder FALSCH   ❏ Nur unterschiedliche Ansichten

Nehmen wir an, wir beschriften eine Kiste mit **Blasinstrumente** und die andere mit **Streicher** (was viele meiner Seminar-TeilnehmerInnen vorschlagen). Nun kommt noch eine **Klarinette** hinzu. Kein Problem, oder?

Nehmen wir an, es kommt ein **Klavier** hinzu: Brauchen wir jetzt eine dritte Kategorie oder könnten wir noch einmal nachdenken? Wird die Geige wirklich immer gestrichen? Was, wenn wir ihre Saiten zupfen (sogenanntes Piccicato)? Aha! Wenn wir statt STREICHER schreiben: SAITENINSTRUMENTE, dann paßt das **Klavier** dort auch hinein, denn hier werden Saiten gehämmert (ähnlich einer Zither, nur größer).

Und wenn wir jetzt die Bläser unterteilen und sagen: Lassen Sie uns zwischen HOLZ und METALL unterscheiden, dann legen Sie die **Flöte** wohin?
❏ HOLZ (Aaaah, Sie dachten an eine **Blockflöte**?)
❏ METALL (Aaaaaah, Sie dachten an eine **Querflöte**, eine **Piccolo** vielleicht?)
Fein. Die **Klarinette** legen Sie wo dazu?
❏ HOLZ   ❏ METALL
Warum? _____
Jetzt kommt ein **Saxophon** hinzu. Wohin kommt sie?
❏ HOLZ   ❏ METALL

Wer jetzt Metall sagt, hat die **Klarinette** sicher zu HOLZ gelegt, weil sie aus Holz ist. Nur ist das die falsche Begründung. Denn mit HOLZ oder METALL meinen Musiker nicht das Instrument selbst, sondern die Art, wie der Klang erzeugt wird. Sowohl die **Klarinette** als auch das **Saxophon** produzieren einen vibrierenden Klang, weil zwei hauchdünne HOLZPLÄTTCHEN vibrieren, also gehören sie beide zu HOLZ.

Es wäre sicher spannend, wenn Sie das Spielchen mit möglichst vielen Personen durchführen könnten und **die Antworten sammeln** würden. Dabei sehen Sie:

> Solche Spielchen zwingen uns, über Kategorien und Unter-Kategorien nachzudenken. Außerdem lernen wir eine Menge, denn spätestens die vierte Person weiß das mit den Holzplättchen, woran Sie sehen: wir lernen durch spielende Gespräche ganz BEILÄUFIG (vgl. Seite 49f.). Deshalb rate ich Ihnen, ähnliche Spiele möglichst oft mit allen möglichen Themen durchzuführen.

Eine sehr gute Zeit zu spielen für Menschen, die „nie" Zeit haben, ist zwischendurch; so kann man wunderbar in den Werbeblöcken beim Fernsehen spielen!. Wir lernen dabei eine Menge über die meist unbewußten Kategorien, die unser Denken prägen.

Was ist ein HOLZ-BLÄSER ??

Variationen

In Verbindung mit dem, was wir über **Fragen**, **Imitation** und **Vergleichen** sagen, gibt es genügend Möglichkeiten, selber denken zu lernen bzw. SchülerInnen zu „echtem" Denken hinzuführen, und zwar schrittweise und SPIELERISCH. Wir wollen mit einfachen alltäglichen Gegenständen beginnen (und z.B. Telefon, Handy und PC einer näheren Betrachtung unterziehen), ehe wir später zu abstrakten Begriffen kommen. Noch später wollen wir vielleicht Tugend, Ehrlichkeit und Stolz untersuchen. Mit fortgeschrittenen SpielerInnen können es auch mehr als drei Dinge sein, die wir in Kategorien „sortieren", wobei wir ganz nebenbei viel über ihr WESEN lernen.

Vergleichen von Texten

Wenn wir beginnen, Vergleichs-Spiele zu spielen, werden wir immer weitere Ideen entwickeln, welche Arten von (kurzen) Texten wir vergleichen können (z.B. Inhalts-Angaben von Büchern, Fernseh-Dokumentationen, Filme etc.). Hier stellen wir fest:

1. Durch das Lesen **mehrerer** Beschreibungen erhalten wir ein weit umfassenders Bild, als wenn wir nur eine gelesen hätten.
2. Die eine könnte irreführund sein (wie im Fallbeispiel 3, Seite 106). Wenn wir nur diese gelesen hätten, wären wir der Sache mit völlig falschen Vorstellungen begegnet.
3. Auch sogenannte „objektive" Infos, wie eine Beschreibung, die ja nur schildern soll, was IST (was der Film z.B. enthält), werden häufig mit MEINUNGEN vermischt. Bei einer Filmbeschreibung ist es noch einigermaßen verständlich, wenn der Autor beide Kategorien (Beschreibung und Kritik) vermischt, aber viele Beschreibungen oder Inhaltsangaben tun dies, ohne daß die Autoren das überhaupt merken würden.
4. Wir können jede Beschreibung nach verschiednen Aspekten beim Lesen „absuchen". Diese Art des sondierenden Lesens wird uns weit mehr bringen, als „nur so mit den Augen über den Text zu wan-

dern". Passives Konsumieren funktioniert weder beim Fernsehen, noch im Unterricht, noch beim Lesen. Es wird vom Gehirn nicht unterstützt, neudeutsch: es ist konktra-produktiv!

Experiment
Beantworten Sie folgende Fragen und lesen Sie dann erst weiter.
1. Kennen Sie das Buch *Dune* (*Der Wüstenplanet*) von Frank HERBERT?
    ❐ Ja ❐ Nein
2. Kennen Sie es nur (vom Hörensagen) oder haben Sie es ganz gelesen?
    ❐ Hörensagen ❐ Teilweise gelesen ❐ Ganz gelesen
3. Haben Sie den Film schon gesehen?
    ❐ Ja ❐ Nein
4. Kennen Sie beide Versionen des Films?
    ❐ Ja ❐ Nein

Jetzt VERGLEICHEN Sie bitte drei Inhaltsangaben, wobei Sie auf folgende Aspekte achten:
1. **Äußert** der/die SchreiberIn **Fakten** aus dem Film oder eine **Meinung**?
2. **Macht** die Beschreibung **Lust** auf den Film?
3. **Nur für KENNER**: Ist die Beschreibung **akkurat** oder sachlich falsch? _____

Für **NICHT-KENNER**: Welche der drei Beschreibungen reizt Sie persönlich am meisten, den Film sehen zu wollen?
    ❐ 1 ❐ 2 ❐ 3

Dune (*Der Wüstenplanet*) von Frank HERBERT.

Fallbeispiel: Vergleich von drei Inhaltsangaben zu einem Film
1. **TV TODAY**: Im Jahr 10191 wird das galaktische Imperium von Shaddam feudalistisch regiert. Seine Macht verdankt der Herrscher einer Spice genannten Substanz. Die gibt es nur auf dem Planeten

http://www.dvd-galaxis.de/genre-detail-no-133257.html

Arrakis, den Herzog Leto Atreides auf Geheiß seines Regenten als neuer Lehnsherr betritt. Doch der neue Posten entpuppt sich als Falle: Der Fürst wird ermordet, der feiste Baron Vladimir Harkonnen übernimmt Arrakis. Atreides Sohn Paul flieht in die Wüste.

2. www.dvd-galaxis.de: In einer sehr fernen Zukunft ist die intergalaktische Welt voller Mysterien und Intrigen. Der wichtigste Planet des Universums ist Arrakis, der Wüstenplanet, genannt auch Dune. Nur auf ihm findet man das Spice, eine hochwirksame Droge mit unvorstellbaren Kräften – inzwischen die wertvollste Substanz im gesamten Universum. Als das Haus Atreides die Macht über Arrakis übernimmt, beginnt ein gigantischer Machtkampf, der in grausamen Schlachten und einem interstellarem Krieg gipfelt. David Lynchs Kultfilm setzte neue Maßstäbe in Sachen Science Fiction. Ihm gelangen gigantische Szenen mit bis zu 20.000 Statisten und eine gelungene Umsetzung des beliebten Kultromans von Frank Herbert. So erschuf er eine faszinierende Welt voller Mythen und Geheimnisse, die jeden in ihren Bann zieht.

DUNE

3. GONG (Nr. 9, 2004)
Der grausame Krieger Feyd Tautha konnte den auf den Wüstenplaneten Dune geflüchteten Rebellensohn Paul Atreides stellen. In einem Zweikamf versucht er, ihn zu besiegen. URTEIL: Wüst, edel, aber leider ein wenig zu langatmig.
vfb: Kein Wunder, bei der Beschreibung wartet man ja bis 5 Minuten vor Ende des Films auf jenen Zweikampf, der ja so wichtig zu sein scheint.

WISSENs-Spiele (allgemein)

Jede Art mit Wissen zu SPIELEN ist **sowohl „passivem Konsumverhalten" als auch sturem Pauken** vorzuziehen. Dieses Buch (und sein Zwilling *Trotzdem LEHREN*) zeigen zahlreiche Ansätze auf; wichtig ist vor allem, daß wir begreifen: Einzelne, isolierte, nackte Fakten alleine können so gut wie nicht gelernt werden. Wenn wir sie spielerisch erwerben wollen, dann schaffen wir sicher die nächste Prüfung, **aber wirklich gelernt haben wir nichts**. Mit Lernen meine ich eine **konkrete Veränderung im Wissens-Netz**, eine neue Einsicht, eine Lehre, die wir ziehen können etc. Das Hinzufügen eines „nackten Faktes" stellt demzufolge keinen echten Lern-Erfolg dar. Wir alle kennen Leute, die jede Menge Fakten „besitzen", mit denen sie auf Zuruf jederzeit „herumwerfen" können, ohne daß sie den Kern einer Situation erfaßt hätten oder anderen helfen können, das eigentlich WESENt-liche zu verstehen. (Hierzu gehören leider viele Lehrpersonen, Werbefachleute und einige TV-Moderatoren.) Wir müssen also unbedingt zwischen dem Jonglieren mit isolierten Fakten („Schulwissen") und **echten** Wissen (Begreifen, Verstehen, Einsichten gewinnen) unterscheiden, dann können wir beginnen, selbst oder mit unseren SchülerInnen (Seminar-TeilnehmerInnen, MitarbeiterInnen etc.) mit WISSEN zu spielen:

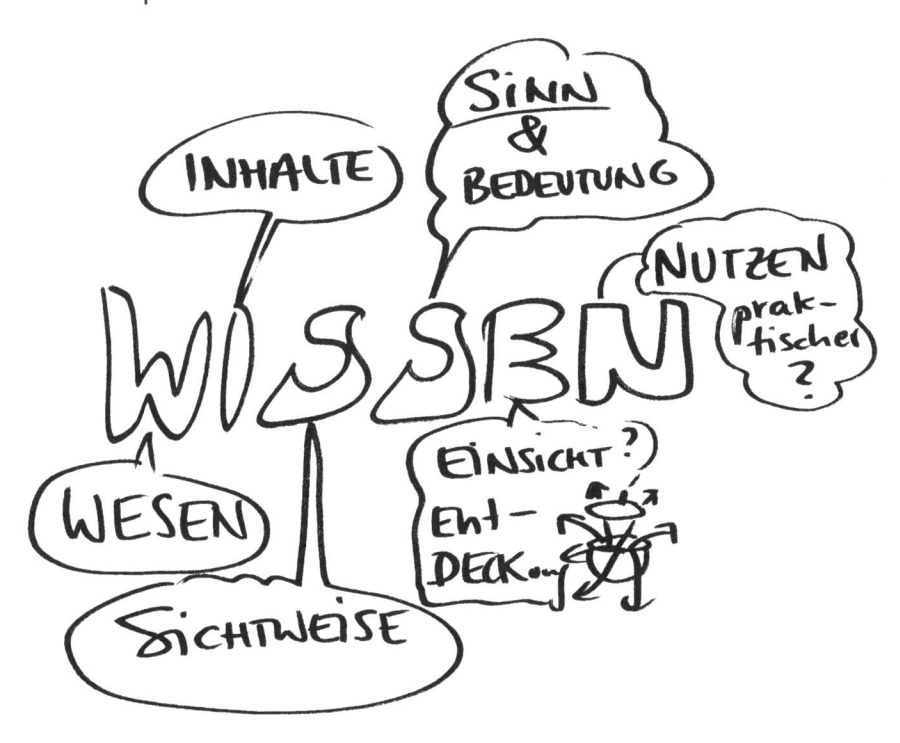

Daher wird es Sie nicht erstaunen, daß die nächste Staffel der Experimente mit TV-Quiz-Sendungen folgendes zutage förderte: Wenn wir nach dem Feststellen der Lösung (vgl. *WQS: Spiele, die Wissen produzieren*, unten) noch einen weiteren Schritt taten, indem wir aus den nackten Fakt ein wenig „Wissen" produzierten, änderte sich das Ergebnis dramatisch: **Wenn aus dem nackten Fakt ein wenig Wissen gemacht wurde, verdoppelten wir die Lern-Erfolge sofort** (von ca. 40% auf mindestens 80%, manchmal mehr!).

Achtung: Wer das PASSWORT hat (s. Seite 155), kann unser WQS-Forum besuchen: viele Spiele spielen + eigene hinzufügen.

Wie macht man aus nackten Fakten „Wissen"? Indem man sie anREICH-ert, indem man mehr bietet als nackte „Frage-und-Antwort-Schemata", die wir von Schule und Quiz-Sendungen her kennen. Das war die Geburt der WISSENs-Quiz-Spiele©, das heißt der besonderen Art von Quiz-Spielen, die WISSEN produzieren (s. nächster Punkt).

WQS (spezifisch): Spiele, die Wissen produzieren

Ich habe diese Technik an anderen Stellen ausführlich beschrieben*; hier also nur die Minimal-Version:

Runde 1: Wissens-Fragen (z.B. als Einleitung in eine Thematik oder eine Unterrichts-Einheit) werden gestellt und alle dürfen RATEN (wahlweise mit Festhalten des Grades der Sicherheit – Wie sicher bin ich?) in Prozent.

Runde 2: Die „offiziellen Antworten" das kann sogar Frontal-Unterricht sein, wenn man die Lektion sorgfältig an den eingangs gestellten Fragen „aufhängt", wobei die Reihenfolge der Fragen keinesfalls die Reihenfolge des Vortrags sein muß. So kann man die spannendsten Fragen, die am meisten Überraschungs-Effekt enthalten, gern an den Anfang stellen.

Runde 3: Wiederholung von Runde 1, nur wissen jetzt alle weit mehr als vorher. Das macht Spaß, das ist gut für's Selbstwertgefühl, jede/r kann selber feststellen, wie gut die Antworten

---

* **Nachzulesen** in: *Intelligente Wissens-Spiele* und *30 Minuten So erstellt man WISSENs-QUIZ-SPIELE.*

sind (man bewertet sich also selbst, statt von einem Erwachsenen bewertet zu werden).

Selbstverständlich gibt es viele Variations-Möglichkeiten. So kann man z.B. zwischen Runde 2 und 3 eine Runde von ver-TIEF-enden Infos schieben – also Runde 2a. **erste** Antworten, Runde 2b. **An-REICH-erung** derselben. Aber mit der Grundversion kann jede/r zu spielen beginnen, Variationen ergeben sich im Alltag von alleine.

Es ist wichtig, daß wir bei dieser besonderen Art von Quiz auf zwei Dinge achten:

1. Wir dürfen bei Runde 1 „wild durch die Gegend raten". Jede/r notiert einfach, was er/sie denkt. Es wird nicht zensiert oder kritisiert. Es ist ein SPIEL!
2. Man notiert bei jeder Antwort, wie sicher man sich fühlt. Wir kennen das von der Show *Wer wird Millionär*, wenn der Telefon-Joker gefragt wird: „Wie sicher bist du?" und sagt: „80%" oder „30%" (das heißt, ich rate eigentlich nur). Wir haben in der Schule in der Regel nie gelernt, die Qualität unserer Antworten, wenn wir noch „raten", bewußt zu registrieren. Das lernen wir beim WQS zu tun. Probieren Sie es gleich? Also, Sie sind dran.

1. Quiz-Runde: Nur Fragen (9 Japan-Fragen Erdbeben)

1. Wie sicher sind die japanischen Atomkraftwerke?
2. Warum brennen japanische Städte immer gleich bezirksweise statt häuserweise wie in anderen Städten?
3. Warum mußten in Kyoto etwa doppelt so viele Menschen sterben wie nötig?
4. Was verhindert eine gute Katastrophen-(Hilfs-)Bereitschaft?
5. Info/Meßwerte: Wieviel Vorwarnzeit erhalten die Japaner bei großen Beben?
6. Warum war das Beben in Kobe so extrem zerstörerisch?
7. Gibt es eine technische Möglichkeit, auch alte Gebäude gegen Erdbeben zu sichern? Wenn ja, welche? Wenn nein, warum nicht?

jeder darf RATEN

RATEN SIE GLEICH MAL EHE SIE DIE ANTWORTEN LESEN??

8. Stimmt es, daß Tiere vorab reagieren?
9. Kann ein Erdbeben Erde und Gestein verflüssigen?

Die nachfolgenden KURZ-Antworten sind für Außenstehende sicher nicht ausreichend, aber sie dienen mir als Lernerin **zur Erinnerung an die Doku**, die ich sah:

2. Quiz-Runde: Antworten (aus TV-Doku)

1. Wie sicher sind die japanischen Atomkraftwerke?
Antwort: 5-faches Kobe-Beben.*

vgl. Notizen v. Runde 1 mit Antworten des Spielleiters

2. Warum brennen japanische Städte immer gleich bezirksweise statt häuserweise wie in anderen Städten?
Antwort: Holz und enge Gassen – Feuerwehr kommt nicht durch

3. Warum mußten in Kyoto ca. doppelt so viele Menschen sterben wie nötig?
Antwort: weil a. unorganisiert, b. zu stolz, um rechtzeitig Hilfe zu rufen; Nakamura

4. Was verhindert eine gute Katastrophen-(Hilfs-)Bereitschaft?
Antwort: a. die FATALISTISCHE Einstellung; b. die baulichen Gegebenheiten – da kann man nichts machen, c. Anweisungen befolgen

5. Info/Meßwerte: Wieviel Vorwarnzeit erhalten die Japaner bei großen Beben?
Antwort: 10 bis 15 Sek. Gas abschalten, Notstrom anwerfen

Vor-warnzeit?

6. Warum war das Beben in Kobe so extrem zerstörerisch?
Antwort: kurze, starke, einzelne Stöße

7. Gibt es eine technische Möglichkeit, auch alte Gebäude gegen Erdbeben zu sichern? Wenn ja, welche? Wenn nein, warum nicht?

---

* So wirken viele Antworten in der Schule: Bruchstücke; wir verstehen nicht(s) ...

Antwort: Ja, Stoßdämpfer UNTER Gebäude eines alten Rathauses; 700 m Keller und Stoßdämpfer nachträglich gebaut.
8. Stimmt es, daß Tiere vorab reagieren?
Antwort: Ja, Regenwürmer und Schlangen verlassen die Erde, sogar Fische versuchen das Wasser zu verlassen
9. Kann ein Erdbeben Erde und Gestein verflüssigen?
Antwort: Ja, Verflüssigung – der Boden wird weich wie Pudding!

An-REICH-erung der Kurz-Anworten

1. Wie sicher sind die japanischen Atomkraftwerke?
Antwort: 5-faches Kobe-Beben. Der Bericht führte aus, daß die Sicherheit in einem Land, das an Erdbeben gewöhnt sei, sehr hoch sei. Nachdem wir Westliche (Zuseher) uns sicher an das Kobe-Beben vor einigen Jahren erinnern, ist der VERGLEICH (vgl. *VERGLEICHENDES Denken!*) mit diesem Beben sicher hilfreich. 5-faches Kobe-Beben muß also enorm viel sein!
2. Warum brennen japanische Städte immer gleich bezirksweise statt häuserweise wie in anderen Städten?
Antwort: Holz und enge Gassen – Feuerwehr kommt nicht durch. Leuchtet sicher ein, nur fragen wir „Westlichen" uns vielleicht, warum man den Wiederaufbau wieder so eng macht. Nun, die Idee dahinter gleicht eher der einer Fußgängerzone: Wenn keine großen Fahrzeuge Platz haben, kann auch kein Lkw oder Bus dort herumfahren.
3. Warum mußten in Kyoto ca. doppelt so viele Menschen sterben wie nötig?
Antwort: weil a. unorganisiert, b. zu stolz, um rechtzeitig Hilfe zu rufen; Nakamura. Das fand ich interessant, denn wir stellen uns die Japaner eher als überorganisiert vor. Der Bericht zeigte jedoch, daß das nicht stimmt und daß die Angst, das Gesicht zu verlieren, die meisten Stadtteil-Führer davon abhält, im Vorfeld

irgend etwas zu unternehmen. Daher gibt es viel zu wenige Feuerwehr-Übungen (Drills), bei denen alle lernen würden, was sie später im Zweifelsfall tun müssen.

4. Was verhindert eine gute Katastrophen-(Hilfs-)Bereitschaft?
Antwort: a. die FATALISTISCHE Einstellung, b. die baulichen Gegebenheiten – da kann man nichts machen, c. Anweisungen befolgen. Sie sehen, wie Sie im Lichte der ange-REICH-erten Info Nr. 2 und 3 jetzt auch diesen Punkt viel besser verstehen.

Warum helfen sie nicht?

5. Info/Meßwerte: Wieviel Vorwarnzeit erhalten die Japaner bei großen Beben?
Antwort: 10 bis 15 Sek. Gas abschalten, Notstrom anwerfen. Auch hier muß man kaum noch etwas hinzufügen. Natürlich kann in der kurzen Zeit nur jemand das Gas abschalten und den Notstrom anwerfen, der das vorher geübt hat. Da dies so selten geübt wird, brennen regelmäßig ganze Stadtteile nieder.

6. Warum war das Beben in Kobe so extrem zerstörerisch?
Antwort: kurze, starke, einzelne Stöße. Hier sagte der Bericht, daß kurze, starke, einzelne Stöße Gebäude besonders gefährden und daß herkömmliche Häuser hier zerbröckeln würden, weshalb man inzwischen dabei sei, wichtigen Gebäuden regelrechte Stoßdämpfer zu verpassen.

KOBE

7. Gibt es eine technische Möglichkeit, auch alte Gebäude gegen Erdbeben zu sichern? Wenn ja, welche? Wenn nein, warum nicht?
Antwort: Ja, Stoßdämpfer UNTER Gebäude eines alten Rathauses; 700 m Keller und Stoßdämpfer nachträglich gebaut. Also Sie sehen es, man baut tatsächlich Stoßdämpfer unter alte Gebäude, indem diese vorsichtig einen zweiten Fußboden im Keller erhalten, der auf den Stoßdämpfern ruht, am Ende kappt man die Verbindungen zum originalen Fußboden und auf einmal „schwebt" das ganze Haus auf den Stoßdämpfern. Unglaublich, aber wahr! Neue Gebäude werden von Anfang an so ausgestattet. Ich erinnere mich an die Tests im Film – sowohl an Modellen als auch Computer-Simulationen – sehr beeindruckend!

8. Stimmt es, daß Tiere vorab reagieren?
   Antwort: Ja, Regenwürmer und Schlangen verlassen die Erde, sogar Fische versuchen das Wasser zu verlassen. Darauf will man in Zukunft verstärkt bauen und hofft, dann den Leuten eine Warnung geben zu können, die ihnen einige Minuten zum Reagieren verschafft, statt Sekunden. Dann könnten wesentlich mehr Menschen das Gas abschalten (einer der Hauptgründe für die Feuer) und es würde wesentlich glimpflicher verlaufen; außerdem könnten mehr hinauslaufen bzw. kleine Kinder, Kranke, alte Menschen retten.

9. Kann ein Erdbeben Erde und Gestein verflüssigen?
   Antwort: Ja, Verflüssigung – Boden wird weich wie Pudding! Das hätte ich auch nicht gedacht, aber im Nachhinein: Das Erdinnere ist ja auch flüssig. Wenn es genug Hitze und Druck gibt – beides bei Erdbeben vorhanden – warum nicht?

[Randnotiz: Tiere]

3. Quiz-Runde: wie 1. Quiz-Runde

Nur mit dem Unterschied, daß die Ratenden diesmal weit mehr wissen, als beim ersten Mal. Testen Sie es: Gehen Sie zurück zu Runde 1 (Seite 109f.) und finden Sie es heraus!

> Was bringt ein WISSENs-Quiz-SPIEL©? Antwort: Lernende („Opfer") können den eigenen Lernvorgang optimieren, indem sie aus den Daten, Fakten und Informationen WISSENs-Quiz-SPIELE „basteln".

[Randnotiz: WQS: selber machen]

Dies ist erstens weit interessanter als jede Art von sturem Pauken/ Büffeln. Das Erstellen eines WISSENs-Quiz-SPIELs ist eine eigenständige spannende Tätigkeit, bei der man den Stoff ganz anders „durchgeht" als bei herkömmlichem „Lesen". Zweitens ist die Fähigkeit, überhaupt Fragen zu stellen, ein wichtiges Denk-Tool an sich, das bei herkömmlichem Lernen so gut wie nicht trainiert wird. Wir haben ein Thema aber erst „halbwegs verstanden", wenn wir die ersten eigenen Fragen hierzu formuliert haben. Bei großen Mengen Lernstoff können mehrere Leute den Stoff unter sich aufteilen, jeder erstellt ein WISSENs-Quiz-SPIEL für „seinen" Bereich, in den anderen Bereichen ist man SpielerIn, wenn der zuständige Quiz-Master seinen Teil als Quiz präsentiert. Wenn vier Leute sich 40 Seiten Textbuch aufteilen, wird jeder Quizmaster für 10 Seiten und bleibt „nur" WISSENs-Quiz-Spieler/Spielerin für die **restlichen** 30 Seiten. Diese Art der Vorbereitung ist weit spannender und weniger Zeit-intensiv als herkömmliche „Prüfungs-Vorbereitungen" und erlaubt einem, sich im Schnitt eine Note 3 (oder 2) zu erarbeitet; wer die Zwei mit Sicherheit oder gar eine Eins will, sollte in **allen** Teil-Bereichen **sowohl** ein eigenes WISSENs-Quiz-SPIEL „basteln" (Quizmaster sein) **als auch** sämtliche WISSENs-Quiz-SPIELe der anderen gespielt haben.

Auf **www.birkenbihl.de** gibt es ein großes offenes Forum (die Wandzeitung); dort tauchte folgender Kommentar zum WQS auf, der mich sehr freute.

Aber unabhängig von Schulen und Prüfungen gibt es Tausende von Situationen, in denen wir alle schnell etwas lernen wollen – seien dies nun wichtige Infos über einen neuen Kunden, ein neues Produkt oder was auch immer. Schließlich ist **lebenslanges Lernen die Eintrittskarte in die Zukunft einer Informations- oder Wissens-Gesellschaft, also betrifft das leichtere Lernen** neben „professionellen" Lernern (SchülerInnen, StudentInnen, KursteilnehmerInnen) **eigentlich die meisten von uns**.

Wandzeitungs-Beitrag zum WISSENs-Quiz-SPIEL (WQS)

Es folgt ein erster Erfahrungs-Bericht auf meine Vorstellung im Coaching-Brief. Es ist die spannende Reaktion einer Person, die mit den Fragen zuerst als **Lernende** spielte, um gleich darauf auch als **Lehrende** von der Technik zu profitieren. Aber lesen Sie selbst.

Schreiber: Sehr geehrte Frau Birkenbihl, ich bin seiten kurzem begeisterter Leser Ihres Beratungsbriefes. Ihr Beispiel zum Wissens-Quiz im letzten Brief habe ich natürlich aktiv mitgemacht und bin überzeugt: **Lernen war noch nie sooo einfach!** Und für denjenigen, der die Fragen ausarbeitet, ergibt sich quasi **nebenbei der Effekt, daß er sein eigenes Wissensgebiet tiefer durchdringt und**

außerdem übt, Fragen zu stellen, die das Gespräch bzw. hier das Lernen führen.

vfb: Jau! Sie haben es nicht nur „erfaßt" (be-GRIFFEN), sondern auch er-LEBT! Es geht gar nicht anders! Nach dem Motto: **Lernen kann gar nicht verhindert werden.**

Schreiber: Ich habe gleich einen eigenen Test gestartet, indem ich ein Seminar in meiner Firma in Form eines Wissensquiz (...) gestaltet habe – natürlich gewürzt mit Geschichten und Bildern. (...) Es hat einfach super funktioniert. Die Teilnehmer waren durch die anfänglichen Fragen (die jeder für sich beantworten sollte) schon direkt beim Thema und hatten ihre speziellen Wissennetzbereiche schon mal vorgewärmt. So ist ein Großteil der Informationen auch gleich drin kleben geblieben, die Anknüpfungspunkte waren ja bereits aktiviert. Das Seminar entwickelte sich zu einem echten Workshop.

vfb: Ja, die Fragerunde gleicht dem Pflügen des Feldes und mit den ange-REICH-erten Antworten säen Sie dann das WISSEN direkt in die Köpfe „hinein". Tja, so schön kann die Medaille Lernen/Lehren sein ... wenn es gehirn-gerecht zugeht, profitieren immer BEIDE Seiten.

Schreiber: In drei Tagen werden wir in Arbeitsgruppen den Fragenkatalog noch einmal durchgehen. Aber ich bin felsenfest überzeugt, dass der Großteil des Wissens „sitzt". Dabei kommt es jedem so vor, als hätte man gar nicht gelernt. Man weiß jetzt einfach nur viel mehr. Und das Thema ist gar nicht mehr so trocken und kompliziert.

vfb: Ob ein Thema „trocken" ist, hat ausschließlich mit dem Vorwissen der Lernenden in Kombination mit der Art der Darstellung des Lehrenden zu tun.

Schreiber: Ich danke Ihnen für dieses wunderbare Konzept!!!!

vfb: Gern geschehen. :-))). Ich arbeite gerade an einem Zwillings-Buch hierzu.

Na ja, eines der beiden Zwillings-Bücher halten Sie in Händen, wenn Sie diesen Kommentar lesen.

ZITATE-VERGLEICHS-SPIEL

Zitate

Wenn Sie einige Lückentexte (vgl. Seite 77ff.) gespielt haben, bei denen nur die Substantive (Hauptwörter) entfernt wurden, begreifen Sie, wie wichtig diese sind. Aber normale Texte enthalten dermaßen viel Redundanz, daß man neben einzelnen Wörtern ganze (Halb-)Sätze wegnehmen könnte, ohne daß viel fehlt. Ein Zitat hingegen ist eine Besonderheit, ähnlich wie ein Ge-DICHT, weil hier eine Idee in extrem ver-DICHT-eter Form formuliert wurde. Eben deshalb hatte irgendein Zitate-Sammler diesen Satz oder diese Passage aus dem ursprünglichen Zusammenhang herausgelöst, um dieses Schatzkästchens zu „bergen". Deshalb gilt:

Wenn wir einige Zitate (mindestens 10, gerne ca. 30) zu einem Thema lesen, erhalten wir mehr echte Ideen als oft in Hunderten von Seiten „normaler Texte". Somit sind Zitate also eine hervorragende **Einführung** in ein **neues Thema**, oder auch eine großartige Weise, bereits Bekanntes leicht anzu-REICH-ern, unser Wissen zu er-WEIT-ern und zu ver-TIEF-en.

Genauere Anweisungen finden Sie in: Mehr intelligente Kopf-Spiele.

Dabei gibt es verschiedene Möglichkeiten (und zahllose verschiedene Zitate-Spiele, die wir spielen können, s. Rand). Ich möchte Ihnen hier drei Grund-Varianten vorstellen, wobei immer gilt: Man kann Zitate LESEN (und über sie nachdenken), aber man kann sie auch LESEN PLUS darüber mit anderen SPRECHEN bzw. einen kurzen KOMMENTAR schreiben (erste Assoziationen). Gerade letztere Technik, also quasi ein Selbst-Gespräch, ist sehr hilfreich, wenn wir gerade niemanden haben, mit dem wir darüber reden können.

Variation 1: EIN Thema (hier: LESEN & SCHREIBEN)

1. Welchen Leser ich wünsche? Den unbefangensten, der mich, sich und die Welt vergißt und in dem Buche nur lebt.
(GOETHE: 4 Jahreszeiten, S. 56)

2. Über jedem guten Buch muß das Gesicht des Lesers von Zeit zu Zeit HELL werden. Die Sonne innerer Heiterkeit muß sich zuweilen von Seele zu Seele (be-)grüßen.
(MORGENSTERN: Stufen-Literatur 1912)
3. Nicht VIEL LESEN, sondern gut Ding viel und oft lesen macht (...) klug. *(LUTHER)*
4. Es ist ein großer Unterschied, ob ich lese zu Genuß und Belebung oder zur Erkenntnis und Belehrung. *(GOETHE)*
5. Du bist über die Kinderjahre; du mußt also nicht nur zum Vergnügen, sondern zur Besserung Deines Verstandes und Deines Willens lesen. *(GOETHE an Cornelia 6, XII, 1765)*
6. Zu verlangen, daß einer alles, was er je gelesen, behalten hätte, ist wie verlangen, daß er alles, was er je gesessen hätte, noch in sich trüge. Er hat von diesem leiblich, von jenem geistig gelebt und ist dadurch geworden, was er ist.
SCHOPENHAUER: Parerga und Paralipomenon II, 24
7. Gedanken sind nicht stets parat. Man schreibt auch, wenn man keine hat. *(BUSCH: Aphorismen und Reime)*
8. Gewöhnlich glaubt der Mensch, wenn er nur Worte hört (vfb: oder liest), es müsse sich dabei doch auch was denken lassen.
GOETHE: Mephisto (Faust)
9. Wer einen wirklich klaren Gedanken hat, kann sich auch darstellen (moi: sagen oder schreiben). Ist der Geist einmal der Dinge Herr (= begreift man), folgen die Worte von selbst!
(MONTAIGNE)
10. 9/10 unserer ganzen jetzigen Literatur haben keinen anderen Zweck, als dem Publikum einige Taler aus den Taschen zu spielen. Dazu haben sich Autor, Verleger und Rezensent (vfb: heute Top 10-Liste) fest verschworen. *(SCHOPENHAUER)*
11. Der Erfolg vieler Werke erklärt sich aus der Beziehung, die zwischen der Mittelmäßigkeit des Autors und der Mittelmäßigkeit des Publikums besteht. *(CHAMFORT: Maximen VII)*

12. Es gibt intelligentes LESEN auf der Erde. (Analog dem Spruch: Es gibt intelligentes Leben auf diesem Planeten). *(Anonym)*

Variation 2: EIN Autor (hier: Otto von Bismark, 1815–1898)

1. Ein braves Pferd stirbt in den Sielen. (4.2.1881)
2. Was gerade **Mode** ist, hat nun deshalb für mich nicht den Vorzug. Man behält dergleichen doch länger, als die Mode dauert.
3. Es ist ein Vorteil des Altwerdens, daß man gegen Haß, Beleidigungen, Verleumdungen gleichgültig wird, während die Empfänglichkeit für Liebe und Wohlwollen stärker wird.
4. **Offenheit** verdient immer Anerkennung. (24.11.1849)
5. **Gesetze** sind wie Arzneien. Sie sind gewöhnlich nur Heilung einer Krankheit durch eine geringere oder vorübergehende Krankheit. (6.3.1872)
6. (**Vertrag**) Die Haltbarkeit aller Verträge zwischen Großstaaten ist eine bedingte, sobald sie in dem Kampf ums Dasein auf die Probe gestellt wird. Keine große Nation wird je zu bewegen sein, ihr Bestehen auf dem Altar der Vertragstreue zu opfern, wenn sie gezwungen ist, zwischen beiden zu wählen. (Aus: *Gedanken und Erinnerungen*)
7. Wer seine **Pflicht** tut, ist ein getreuer Knecht, hat aber keinen Anspruch auf Dank.
8. (**Verantwortung**) Wenn ich mit Grundsätzen durchs Leben gehen soll, so komme ich mir vor, als wenn ich durch einen engen Waldweg gehe soll und müßte eine lange Stange im Munde halten. (Tischgespräch)
9. (**Opportunist/Definition**) Was ist ein Opportunist? Es ist ein Mann, der die günstigste Gelegenheit benutzt, um das durchzuführen, was er für nützlich und zweckmäßig hält; und das ist ja eben die Aufgabe der ganzen Diplomatie. (21.4.1887 im preußischen Landtag)
10. **Popularität** hat für mich immer etwas Unbehagliches.

Variation 3: Zitate + Lücken-Text (Teekessel Variante)

10 Zitate zum Thema: ??? (Vor-)LESEN + RATEN

Wenn Sie laut vorlesen, sprechen Sie die ??? einfach wie beim alten Teekessel-Ratespiel als TEEKESSEL, denn es ist ja eine Form von Teekessel-Raten.

1. Durch ihre Unglaubhaftigkeit entzieht sich die ??? dem Erkanntwerden.
   Heraklit um 500 v. Chr.
2. Kinder und Narren sagen die ???
   Volksweisheit
3. Die schweigende Mehrheit will aber in allen Nationen die ??? gar nicht wissen, weil die Konsequenzen höchst unangenehm wären.
   Klaus MÜLLER
4. Die Geschichte der Menschheit ist voll von Beweisen, daß es nicht schwer ist, eine ??? umzubringen. Eine gute Lüge ist unsterblich.
   Gottfried August BÜRGER, dtsch Schriftsteller (1747–1794)
5. Wer die ??? hören will, den sollte man vorher fragen, ob er sie ertragen kann.
   Ernst R. HAUSCHKA
6. Eine neue wissenschaftliche ??? pflegt sich nicht in der Weise durchzusetzen, daß ihre Gegner überzeugt werden und sich als bekehrt erklären, sondern vielmehr dadurch, daß die Gegner all-

vgl. Seite 53

PLANCK

mählich aussterben und daß die heranwachsende Generation von vornherein mit der **???** vertraut gemacht wird.
Max PLANCK, 1918 Nobelpreisträger für Physik

7. Niemals noch gab es den Mann, und nimmer wird es ihn geben, der die **???** erkannt von den Göttern und allem auf Erden.
Xenophanes

8. Der Strom der **???** fließt durch Kanäle von Irrtümern.
Rabindranath Tagore, indischer Dichter und Philosoph (1861–1941)

TAGORE

CHUR-CHILL

9. Fast alle Menschen stolpern irgendwann einmal in ihrem Leben über die **???**. Die meisten springen schnell wieder auf, klopfen sich den Staub ab und eilen ihren Geschäften nach, als ob nichts geschehen sei.
Winston CHURCHILL (aus Jan van Helsing:Geheimgesellschaften 2)

10. Die **???** verletzt tiefer als jede Verleumdung.
Marquis de Sade

de SADE

Man kann dasselbe mit fortlaufenden Texten zu allen Themen (inklusive Lernthemen für die Schule) durchführen: Man ersetzt einfach ein Schlüsselwort (oder eine Wortgruppe, s. „Lückentexte", Seite 79) mit den „**???**" (bzw. als „TEEKESSEL") und spielt dieses ganz normal.

Lösung zu 10 Zitate zum Thema: ???

Wahrheit – Ersetzen Sie dies beim lauten Lesen und ent-DECK-en die ganze Bedeutung.

Modul 2 – Kügeli verteilen

Sie erinnern sich: Wir legen zwei Checklisten nebeneinander, auf der LINKEN stehen die Bedürfnisse des Gehirns, damit das Lernen funktioniert, auf der RECHTEN, was Gehirn-Benutzer tun können, wenn das Gehirn nicht genügend bekommt, von dem, was es braucht.

Sie finden die doppelte Checkliste vorne im Buchdeckel zur schnellen Referenz.

Diese Bedürfnisse bezeichne ich als Neuro-Mechanismen© und das, was wir tun können, (wenn links zu wenige Neuro-Mechanismen aktiviert werden), habe ich als NLLS© bezeichnet. Erinnerung: NLLS = **Nicht-Lern Lern-Strategien**© (neudeutsch: Non-Learning Learning-Strategies©; abgekürzt in jedem Fall: NLLS©).

Im Modul „Hier geht's los" (Seite 12) finden Sie die Aufstellung, aus der hervorgeht, daß wir mindestens vier Kügeli brauchen, damit Lernen neurophysiologisch möglich ist. Natürlich handelt es sich hier um metaphorische Kügeli und um ein Denk-Modell, aber ich habe festgestellt, daß es außerordentlich hilfreich ist, von diesen Zahlenwerten auszugehen. Null bis 3 Kügeli = null Lern-Effekt (außer, das Opfer bringt eigene Kügeli mit!). Bitte betrachten Sie die Aufstellung noch einmal:

Übrigens verteilen wir statt „Checkmarks" (√) oder „Kreuzchen" (beim Ankreuzen) dreidimensionale Kügelchen oder Kügeli.

- Bei weniger als 4 Punkten (**Kügeli**) ist **Lernen unmöglich!**
- Bei 4 Punkten (**Kügeli**) ist es **noch schwer**. (Dies ist leider die Norm, deshalb sind ja Millionen von Menschen in unserem Land davon überzeugt, Lernen sei schwer!)
- Bei 5 Punkten (**Kügeli**) wird es zunehmend **leichter** ...
- Ab 6 Punkten (**Kügeli**) wird Lernen bereits **spielerisch**, aber
- ab 7 Punkten (**Kügeli**) wird es wirklich zum **SPIEL**.
- Ab 8 Kügeli wird der **SPIEL-erische Aspekt** dermaßen ausgeprägt, daß viele Menschen regelrecht **erschrecken**, wenn Sie begreifen: So leicht hätte Lernen **all die Jahre in ihrer Schul- und Studien- (oder Ausbildungs-)Zeit** sein können!

NEURO-MECHANISMEN: 20 Kügeli

1. ●● ASSOZIATIVes Denken
2. ● EXPLORER (eigene Ent-DECK-ungen)
3. ●● FRAGEN
4. ●● IMITATION
5. ●●● Beiläufiges Lernen (INCIDENTAL)
6. ●● KATEGORISIEREN
7. ● NEUGIERDE
   a. befriedigen   b. wecken
8. ●● PROBIEREN OHNE ANGST
9. ● SOFORTiges Feedback
   (s. BALL-IM-TOR-EFFEKT, rechts)
10. ● SPIEL-Trieb
11. ●● Ver-GLEICH-en
12. ● WESEN-tliches suchen

NLLS (TRICK-KISTE): 33 Kügeli

ASSOZIATIV-Spiele und -Techniken (derzeit 13 !)

1. ● ABC-Listen
2. ● KaWa
3. ● ABC-COUVERT
4. ● KaWa-COUVERT
5. ● ABC-Kreativ
6. ● STADT-LAND-FLUSS-Spiele
7. ● LULL'sche LEITERN
8. ●● VERGLEICHE
9. ● TRAIN-OF-THOUGHT
10. ● MADELAINE-Spiele
11. ● VERGLEICHs-Spiele
12. ● GEMISCHTE ABC.s
13. ● KNICK-Spiel

Weitere Techniken

14. ● BALL-IM-TOR-EFFEKT
15. ● DEFINITIONEN-DETEKTIV-Spiel
16. ● DEFINITIONS-VERGLEICHS-Spiel
17. ● EXPLORER-STIL
18. ●● FRAGE-RÄTSEL-Spiele
19. ●● FRAGEN formulieren
20. ● HIERARCHISIEREN
21. ● INFOS FESTHALTEN
22. ● IMITATION
23. ● KATEGORISIERUNGS-Spiele
24. ● KRYPTISIEREN
25. ● LÜCKEN-TEXTE
26. ● PASSIV HÖREN (LERNEN)
27. ● UNBEWUSSTES LERNEN
28. ●● WQS – Wissens-Quiz-Spiele
29. ● ZITATE-TECHNIK

53 Kügeli

Ursprünglich begann alles sehr „getrennt": Ich entschied „dies ist ein Neuro-Mechanismus, jenes eine Nicht-Lern Lern-Strategie (NLLS)". Aber im Laufe der Zeit stellte sich heraus, daß diese TRENNUNG für Lehrende wichtiger ist als für Lernende, also kümmern Sie sich nicht darum. Wenn Sie nicht sicher sind, ob ein Aspekt LINKS oder RECHTS stehen sollte – was soll's. Wichtig ist nur, ob es ein KÜGELI gibt! Schließlich ist die Doppel-Checkliste eine **Denk-Hilfe**, aber es muß **Ihre persönliche Checkliste** werden. Streben Sie die magischen 7 Kügeli **an**, wann immer möglich. Je öfter Ihnen dies glückt, desto mehr und vor allem leichter lernen Sie.

Das Verteilen der Kügeli – erste Fallbeispiele

Fallbeispiel 1: ABC-Listen anlegen (und VERGLEICHEN)

Das erste Beispiel findet sich auch im Lehrer-Buch (*Trotzdem LEHREN*)

Die erste Wahl kann fast immer erst einmal eine einfache ABC-Liste sein. Wenn wir eine solche anlegen, dann benutzen wir den Neuro-Mechanismus des **ASSOZIATIVEN Denkens** (einer der wichtigsten!). So erhalten wir die ersten zwei Kügeli (●●). Und weil wir **bewußt** eine der NLLS-**Techniken** (hier: **ABC-Liste**) einsetzen, erhalten wir ein drittes Kügeli (●●●). Dabei haben wir noch gar nicht angefangen zu „arbeiten". Weil wir ein **Spiel** spielen, und damit den Neuro-Mechanismus **Spieltrieb** aktivieren, erhalten wir ein viertes Kügeli (●● ●●). Und weil wir ohne Angst (vor Fehlern, Kritik, schlechten Noten oder Strafe) einfach (herum-)probieren dürfen (... mal sehen, was herauskommen wird), gibt es dafür zwei weitere Kügeli; das macht inzwischen sechs Kügeli (●●● ●●●). Wenn uns unser Ergebnis inhaltlich **interessiert**, dann gibt es ein weiteres Kügeli für den Neuro-Mechanismus unserer (angeborenen) **Neugierde** (●●● ●●● ●). Damit **könnten** wir eigentlich schon zufrieden sein, aber wenn wir noch den Neuro-Mechanismus des **Vergleichens** (ebenfalls zwei Kügeli) einbringen, indem wir unsere eigenen Ergebnisse von zwei oder mehr Versuchen miteinander vergleichen, dann erhalten wir zwei weitere Kügeli (●●● ●●● ●●●) **und**

haben nun 9 Kügeli! Wow! Wir können aber auch mit anderen spielen, indem wir sie bitten, uns ihre Listen zu zeigen.

In der Klasse sitzen die anderen Mitspieler natürlich direkt neben uns, da geht das Vergleichen sehr schnell und so wird Lernen wieder einmal zum SPIEL, weil wir die magischen 7 Kügeli erreicht bzw. hier sogar überschritten haben. Die Erfahrungen des letzten Jahres haben eindeutig gezeigt, daß dieser neueste Abschnitt meiner gehirn-gerechten Entwicklung sehr gut „ankommt".

> Wenn wir feststellen, wieviel interessanter und angenehmer diese Art zu denken und zu lernen (im Vergleich zu früheren verzweifelten „Lern-", das heißt Pauk-Versuchen) ist, dann werden wir nach wenigen Experimenten umstellen – einfach weil es Freude macht **und** sehr viel mehr (mit wenig Aufwand) bringt!

Fallbeispiel 2: LÜCKEN-TEXT ...

Jeder Lücken-Text ist hilfreich, weil er aus dem Material FRAGEN „macht" (jede Lücke entspricht de facto einer Fragestellung: „Was fehlt hier?").

1. LÜCKEN-TEXT weckt das FRAGEN-de Denken: 2 Kügeli (●●)
2. Später spielen wir und füllen die Lücken (= Beantworten die Fragen) als strategische Maßnahme (**bewußtes** Einsetzen des Frage-Spiels): ein weiteres Kügeli (●●●)
3. HERUMPROBIEREN ohne Angst vor Fehlern: 2 Kügeli (●●● ●●)
4. **Ent-DECK-ungen** machen dürfen (wenn wir ihn spielen): ebenfalls 1 Kügeli (●●● ●●●)
5. Mit anderen spielen und die Ergebnisse VERGLEICHEN: 2 Kügeli (●●● ●●● ●●)
6. Vorher müssen wir den LÜCKEN-Text selber „basteln", also gewinnen wir zwei Kügeli, weil wir die „Fragen formulieren", die Lücken „schaffen" (●●● ●●● ●●● ●)

Fazit: 10 Kügeli!

Man kann aus fast allen Textarten Lücken-Texte erstellen, von Sprach-Lektionen über Textbuch-Absätze bis hin zu Zitaten (aus dem Internet), Definitionen etc. Je öfter ich einen Lücken-Text mit anderen spiele, desto vertrauter werde ich mit dem Material, ehe ich mich hinsetze, um ihn zu nutzen. So kann man z.B. mit Lücken-Text-Definitionen spielen, ehe man beginnt, die Textstellen zu lesen, zu denen sie gehören. Das macht es weit leichter, als sich gleich an den Text zu machen! Selbst Gedichte oder „langweilige" Prosatexte („Das ist Literatur, das müßt Ihr lesen!") werden richtig spannend, wenn wir sie unseren Klassenkameraden oder Freunden als Lücken-Texte präsentieren. Merke: Gelächter behindert den Lernprozeß nicht nur nicht, es hilft sogar!

Bisher ging es um das Selber-Lernen zu Hause (Hausaufgaben, Prüfungen vorbereiten etc.). Ab jetzt wollen wir einmal sehen, was passiert, wenn wir Unterricht beurteilen. Merke:

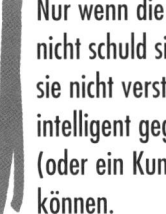

> Nur wenn die „User" in der der Lage sind, zu kapieren, daß sie nicht schuld sind, wenn ihnen langweiliger Unterricht mißfällt, sie nicht verstehen etc., können sie mit unseren Maßnahmen intelligent gegensteuern! Deshalb ist es wichtig, auch Unterricht (oder ein Kundengespräch, eine Beratung etc.) beurteilen zu können.

Ich danke unseren Insidern: Jeannette und Daniela Böhm.

Die folgenden drei Fallbeispiele stammen von zwei jungen Damen, die dem Schulbetrieb gerade erst entwachsen sind, ihnen folgt mein Kommentar an sie:

Fallbeispiel 3: Tolle Lehrerin – erlaubt Ent-DECK-en ... 9 Kügeli

WQS

In der Schule behandelten wir im Geschichtsunterricht das Thema Ägypten. Dafür interessierten wir uns ohnehin schon sehr (1 Kügeli – Neugier befriedigen ●). Unsere Lehrerin stellte uns zu Beginn in Quizform Fragen (Wissens-Quiz-Spiel – 2 Kügeli ●●).

Die meisten Schüler waren gespannt darauf, wie das Leben der Pharaonen damals war. Unsere Lehrerin erzählte uns nicht einfach nur irgendwelche Fakten über Ägypten, sondern schlug uns vor, in Projektgruppen, einzelne Themengebiete zu bearbeiten (Explorer/Jäger – 1 Kügeli ●, Neugier befriedigen – 1 Kügeli ●). Es wurden also Schülergruppen gebildet. Unsere Gruppe untersuchte das Thema „Mumien". Wir recherchierten in Büchern, Zeitungen und Zeitschriften und bereiteten unsere Informationen so auf (Infos festhalten – 1 Kügeli ●), dass wir sie unserer Klasse präsentieren konnten. Hierzu benutzten wir viele Anschauungsmaterialien wie zum Beispiel Folien, Bilder und einen Kurzfilm auf Video über Tut-ench-Amun. Auch der Gedankenaustausch mit den anderen Schülern führte zu neuen Ideen für unsere Themenpräsentation. Zum Abschluß der Thematik „Ägypten" diskutierten und verglichen wir unser Leben heute mit dem der Ägypter (Neuro-Mechanismus Vergleichen – 2 Kügeli ●●). Unsere Lehrerin fasste die wesentlichen Dinge zusammen (Wesen finden – 1 Kügeli ●). Die intensive Beschäftigung mit diesem interessanten Thema, sowie die Aufbereitung der Anschauungsmaterialien (damit die anderen Schüler das Thema und die Zusammenhänge verstehen) hat viel Spass gemacht und war mal eine andere Form des Wissenerwerbs. Leider fand diese Art ein Thema zu erschließen viel zu selten statt. Gesamt: 9 Kügeli (●●● ●●● ●●●)

Wenn wir gerade nicht beisammen sind, können andere uns ihre Listen vorlesen (Telefon) oder mit Fax bzw. e-mail zukommen lassen.

Fallbeispiel 4: Aus dem Studium – Professor 1 Kügeli, Helferin dafür 9!

Während des Studiums hatten wir auch Pflichtfächer zu absolvieren, die nicht unserer Interessenlage entsprachen (kein Kügeli vorab – die Methodik des Professors war gefordert). Eines dieser Fächer war Volkswirtschaftslehre. Die Vorlesung bestand zum Großteil aus Formeln, die wir aufgrund des Vortragsstils unseres Professors nicht verstanden haben. Der Vortragsstil bestand darin, dass sich der Professor vor die Studenten gestellt hat und sein Thema „heruntergebetet", ohne auf die Studenten einzugehen und nachzufragen, ob es verstanden wurde. Das Nachfragen war sicherlich auch ein wenig schwierig, da der Hörsaal mit 500 Studenten besetzt war. Zur Unterstützung seiner Ausführungen benutzte er Folien und es wurde ein Skript zur Verfügung gestellt. Das Skript war zum nochmaligen Lesen des Unterrichtsstoffes geeignet, aber nicht zum Verständnis. In Vorbereitung auf die Klausur, die zu dieser Vorlesung geschrieben werden musste, versuchten wir anhand des Skriptes und weiterer Fachbücher den Vorlesungsstoff zu verinnerlichen. Dies fiel uns sehr schwer, da wir die Thematik noch nicht richtig verstanden hatten und nun versuchten, einen Sinn in diese vielen Formeln reinzukriegen. Bis hierher gibt es maximal 1 Kügeli und auch nur dafür, dass unser Professor uns aufforderte, bestimmte Kernsätze und Formeln zu notieren. Hier war das Vorgehen einer Freundin, die wir zur Prüfungsvorbereitung um Hilfe baten, wesentlich gehirn-gerechter. Sie stellte zielgerichtet Fragen, die uns veranlaßten, selbst über das Thema nachzudenken (2 Kügeli für Aktivierung des Neuro-Mechanismus Fragen ●●). Daraufhin brachte sie eine Hierarchie in die Formeln (Neuro-Mechanismus Hierarchisieren – 1 Kügeli ●) und fragte, welche Formeln wir welcher Kategorie zuordnen würden (Kategorisieren – 2 Kügeli ●●). Schließlich meinte sie, wir sollen doch einfach mal an einigen Aufgaben überprüfen, welche volkswirtschaftlichen Formeln einen Sinn ergeben (Herumprobieren – 2 Kügeli ●●). Wir untersuchten zum Schluß Ähnlichkeiten der in der Vorlesung angegebenen Beispiele und stellten fest, welche Grundaussagen in diesen Beispielen verdeutlicht werden (Neugierde befriedigen – 1 Kügeli ● und Explorerstil –1 Kügeli ●). Die Art und Weise, wie unsere Freundin uns bei der Prüfungsvorbereitung unterstützte war gehirn-gerecht (gesamt 9 Kügeli ●●● ●●● ●●●). Dagegen erhält der Professor nur 1 Kügeli ●.

Fallbeispiel 5: Weiterbildung (private Bildungseinrichtung) – 10 Kügeli

Nach 12 Jahren Schule und 5 Jahren Studium haben wir das erste Mal in einem Weiterbildungsseminar für Selbstständige etwas zum Thema Fragetechniken bezüglich der Kundenakquise gehört. Wir fanden das Thema sehr interessant, da wir überall hören, dass die Kundenakquise sich heutzutage als recht schwierig erweist (1 Kügeli vorab für vorhandenes Interesse = Neugier ●). Die Dozentin erklärte, welche Formen von Fragen es gibt und präsentierte zu jeder Form Beispiele aus

der Praxis, die das ganze anschaulicher machten. Besonders gut am Seminarstil war die Einbeziehung aller Teilnehmer durch die Dozentin. Sie stellte Fragen zu unserer Situation und verdeutlichte damit gleichzeitig die Arten der Fragestellung (Neuro-Mechanismus Fragen – 2 Kügeli ●●). Es entstand eine rege Diskussionsrunde, in der auch die Probleme und Anliegen der einzelnen Teilnehmer besprochen wurden. Außerdem wurden Rollenspiele (Frage-Antwort-Spiele – 2 Kügeli ●●) geübt, in der die vorgestellten Fragetechniken unterschiedlich eingesetzt wurden, wodurch die Reaktionen auf die verschiedenen Fragestellungen getestet werden konnten (Herumprobieren ohne Angst vor Fehlern – 2 Kügeli ●●). Wir wurden aufgefordert, die Arten der Fragen miteinander zu vergleichen und Schlußfolgerungen daraus zu ziehen (Neuro-Mechanismus Vergleichen – 2 Kügeli ●●). Zum Ende des Seminars wurden die unterschiedlichen Fragetypen von jedem Teilnehmer schriftlich festgehalten (Infos festhalten – 1 Kügeli ●). Besonders gut gefallen hat uns die Verbindung der Theorie mit der Praxis und dass es nicht nur ein theoretischer Vortrag war, bei dem man mit Informationen zugeschüttet wird und letztendlich nicht viel „hängen" bleibt. Insgesamt war das Seminar sehr kurzweilig und viele Techniken daraus benutzen wir oft.
Gesamt: 10 Kügeli ●●● ●●● ●●● ●

vfb-Kommentar zu den Fallbeispielen 3, 4 und 5

Die drei Beispiele zeigen sehr klar, worum es geht, denn immer wieder tauchen folgende wichtige Aspekte auf:

Explorer/Jäger (Dinge selbst herausfinden dürfen) – 1 Kügeli ●
Es ist klar, daß das Selbst-Herausfinden-Dürfen einen AKTIVEN Lern-Stil beschreibt, gegenüber dem PASSIVEN „Erleiden-Müssen" von „Unterricht" (schließlich wird PASSIV in der Grammatik ja gerne als „Leideform" bezeichnet).

Gedankenaustausch mit anderen Schülern – 1 Kügeli ●
Genaugenommen müßten wir bei Diskussionen mit anderen fast immer 3 Punkte geben, weil man oft die eigenen Ideen und Assozia-

tionen mit denen anderer VERGLEICHT und das VERGLEICHEN 2 Kügeli bekommt. Dabei genügt ein kurzes Mini-Gespräch zwischendrin, es muß nicht immer eine ausgedehnte Diskussion sein: 2 Minuten zwischendurch erlauben den Lernenden eine erste Abklärung, ob andere ähnlich dachten wie man selbst bzw. um abzuklären, was gemeint war (falls man mal auf dem falschen Dampfer sitzt).

Fragen öffnen den Geist – 2 Kügeli ●●
Leider meinen immer noch zu viele Lehrkräfte, sie müßten als Tonbandgerät fungieren oder hier und da mal Pseudo-Fragen (sogenannte rhetorische Fragen) stellen, wie sie es einst in der Ausbildung lernten. Da eine fragende Unterrichtsform im Sinne des „Sokratischen Dialoges" (der dem Schüler erlaubt, die Dinge selbst herauszufinden) bei großen Klassen nicht möglich ist, können wir mit dem Wissens-Quiz-Spiel die Lücke schließen: Alle dürfen NACHDENKEN und raten und später VERGLEICHEN – das kommt dem fragenden Lehren so nah wie nur möglich und funktioniert mit Hunderten von Lernern gleichzeitig genau so gut wie mit einer Person.

Hierarchisieren – 1 Kügeli ●
Ein wichtiger Denk-Stil besteht darin, eine Liste nach Prioritäten zu sortieren (HITLISTE zu erstellen), dabei muß man BEWERTEN und BEURTEILEN können.

Infos festhalten – 1 Kügeli ●
Wenn wir ab und zu Lücken-Text-Spiele spielen und wirklich begreifen, daß Hauptwörter (Substantive) die Bedeutung tragen, dann erstellen wir lieber ABC-Listen als halbe und ganze Sätze aufzuschreiben. Außerdem wissen wir dann, welche Schlüsselbegriffe wir unterstreichen oder mit Leuchtstiften markieren wollen. Auch das Formulieren von Fragen (deren Antworten die angebotene Info darstellt) ist eine hilfreiche Übung des „Festhaltens" von Info.

Interesse/Neugier, vorhandene – 1 Kügeli ●
Je nachdem, wie intensiv unser Interesse ist, dürfen wir hier auch mehr als ein Kügeli vergeben; bei brennendem Interesse vielleicht 3 bis 4 ...

Frage-Antwort-Spiele – 1 Kügeli ●
Jedesmal wenn ein Frage-Antwort-Spiel gespielt wird, gibt es ein Kügeli zusätzlich zu den beiden, die FRAGEN ÖFFNEN DEN GEIST erhalten, so daß wir automatisch bei 3 Kügeli landen.

Herumprobieren ohne Angst vor Fehlern – 2 Kügeli ●●
Sehr wichtig – weiterer Kommentar überflüssig!

Kategorisieren – 2 Kügeli ●●
Jeder Versuch, Daten, Fakten, Gegenstände etc. in wenige „Kisten" (Denk-Kategorien) zu sortieren, zeigt, wie wertvoll die Denk-Prozesse sind, die dabei stattfinden. Hier nutzen wir einen **weiteren angeborenen Mechanismus**, der Einsichten bringt und gleichzeitig das Denken sowie den Blick für das WESEN-tliche schult. Deshalb erhält er zwei Kügeli.

Neugierde befriedigen – 1 Kügeli ●
Ebenfalls sonnenklar! Wenn das in der Schule öfter passieren würden, würden viele SchülerInnen wohl viel lieber hingehen, nicht wahr?

Projektgruppen (= einzelne Themengebiete bearbeiten) – 1 Kügeli ●
Da noch viel zu wenige LehrerInnen Themen in Projektgruppen bearbeiten lassen, rate ich Ihnen, Schüler-Lern-Clubs zu bilden und dies selbst zu tun. Verteilen Sie das Material an kleine Teams und treffen Sie sich drei Tage später, um sich auszutauschen. Nicht nur wird Lernen so wesentlich spannender (mit NEUGIERDE BEFRIEDIGEN, SELBST HERAUSFINDEN DÜRFEN, HERUMPROBIEREN etc. ergibt dies weit mehr als das ein Projekt-Kügelchen!), sondern die Art, wie andere Teilthemen anpacken, inspiriert Sie auch! Warum glauben Sie, dürfen SchülerInnen an privaten Elite-Schulen sich ihren Stoff weitgehend selbst „erarbeiten"? Eben!

Rollenspiele – 1 Kügeli ●
Auch hier gilt: Man kann auch ohne Lehrkraft HERUMPROBIEREN und eine Menge lernen, insbesonder bei Themenkreisen, die mit dem realen Leben sehr viel zu tun haben könnten (z.B. Kommunikation), wenn man PROBIEREN dürfte ...

Schlußfolgerungen (eigene) **ziehen** (dürfen)
= Ent-DECK-en – 1 Kügeli ●
Wer noch ein wenig Angst vor dem selbständigen Schlußfolgern hat, spiele möglichst oft einfache Ja-/Nein-Ratespiele, denn hier muß man ständig schlußfolgern, um Fragen zu stellen. Also eine wirklich spielerische Möglichkeit Denken zu lernen!

THEORIE
+
PRAXIS

Verbindung der Theorie mit der Praxis – 1 Kügeli ●
Wo immer möglich, sollten Sie eine Verbindung zur Praxis suchen, auch wenn die Schule sie oft nicht anbietet. Minimum: Fallbeispiele ausdenken, bei denen das Gelernte angewendet werden muss.

☞ **Merke:** Wenn man keine finden kann, hat man nicht verstanden – also hat Weiterlernen wenig Sinn.

VERGLEICHEN – 2 Kügeli ●●
Unser Geist vergleicht ständig. Je öfter wir das VERGLEICHEN offiziell zu einem Teil des Lern-Prozesses machen können, desto besser!

(vgl.)

W
E
S
E
N

Wesen suchen/finden – 1 Kügeli ●
Es gibt eine wunderbare Definition von Winfried d'AVIS, der uns sagt: „Eine wesentliche Info sagt uns etwas über das WESEN der Sache, um die es geht." Seit ich diese Definition kennengelernt habe, schreibe ich „wesentlich" nur noch so: „WESEN-tlich". Das brennende Autowrack in den TV-Nachrichten lehrt uns NICHTS WESENTLICHES – weder über Feuer, Autounfälle noch über sonst etwas. Sie ist also TRIVIAL (nicht wesentlich); die Gründe, die eine Gruppe von Kämpfern angibt („Wir wollen das uns genommene Heimatland zurückerobern!") hingegen sehr wohl. Warum wohl behandeln die Nachrichten das brennende Auto ausführlicher als die Gründe von Menschen, die seit über 40 Jahren um ihre Heimat kämpfen? Vielleicht, weil wir vergessen sollen, daß die Besatzer den Kämpfern das Land weggenommen hatten? Sie sehen: FRAGEN helfen uns, dem WESEN der Dinge auf die Schliche zu kommen.

Wissens-Quiz-Spiel – 2 Kügeli ●●

Auch hier gilt, das Quiz ist immer mit dem Neuro-Mechanismus des FRAGENS verbunden (2 Kügeli ●●), und wenn wir die Antworten noch miteinander VERGLEICHEN (2 Kügeli ●●), liegen wir schon bei 6 Kügeli ●●● ●●● – und Spaß macht es auch. Was will man mehr?

Fallbeispiel 6: Beethoven-Kügeli

(Geschrieben von einer Schülerin der 4. Klasse)   mit etwas Hilfe ihrer Lehrerin

Unsere Lehrerin kam in die Klasse und erklärte, dass wir heute und in den nächsten Stunden über Ludwig van Beethoven lernen würden. Dann schrieb sie ein Wort an die Tafel, das keiner von uns kannte: „Konversationsheftchen". Dadurch wurden wir neugierig (Neugierde – 1 Kügeli ●). Wir durften jetzt einfach drauflosraten. Unsere Lehrerin sagte, dass alles ok ist, was wir sagen. Das machte direkt Spaß (Herumprobieren ohne Angst – 2 Kügeli ●●). Nach einiger Zeit sagte uns die Lehrerin die Auflösung. Manchmal waren wir der Sache ganz nahe gekommen. Jetzt bekamen wir 5 Fragen zu Ludwig van Beethoven gestellt. Wir sollten versuchen, sie zu beantworten, und auch gleich nachdenken, ob die Antwort stimmen könnte oder eben nicht. Das war wie ein lustiges Spiel, und es war neu für uns, einfach antworten zu dürfen, ohne zu fürchten, einen Fehler zu machen. (Spiel – Spaß – 1 Kügeli ●) Als uns die Lehrerin die Auflösung sagte, freuten wir uns riesig, wenn wir etwas richtig beantwortet hatten, es waren nämlich auch schwere Fragen dabei. Danach sahen wir einen Videofilm mit Ausschnitten aus dem Leben von Beethoven. Da sahen wir das Konversationsheftchen: ein Heft, in das die Leute hineinschrieben, was sie ihm sagen wollten, weil er ja taub war und sie nicht hören konnte. Der Film war total schön und sogar spannend. In einer weiteren Musikstunde sammelten wir alles, was wir uns bisher gemerkt hatten, und gestalteten in Gruppenarbeit schöne Wortbilder (Vergleichen – 2 Kügeli ●●, KaWa – 1 Kügeli ●). Diese Plakate hängen jetzt im Gang vor unserer Klasse! Zum Schluss stellte uns die Leh-

Neugierde – 1 Kügeli ●

Herumprobieren ohne Angst – 2 Kügeli ●●

Spiel – Spaß – 1 Kügeli ●

Vergleichen – 2 Kügeli ●●, KaWa – 1 Kügli ●

Ball im Tor-Effekt – rerin noch einmal die 5 Fragen und wir konnten sie total leicht und
1 Kügeli ● richtig beantworten. (Ball im Tor-Effekt – 1 Kügeli ●)

Ergebnis: 8 Kügeli!

PS der Lehrerin: Als die Fragen in der Schlußrunde noch einmal gestellt wurden, konnten 12 von 18 Kindern alle Fragen richtig beantworten und 6 der 18 ca. zehnjährigen Kinder empfanden bei nur jeweils einer einzigen Frage Unsicherheiten.

Es folgen noch zwei LERN-BEISPIELE, nach dem Motto: Je mehr Beispiele, desto klarer wird das Prinzip allen Einsteigern.

Fallbeispiel 7: CHEMIE (Salzsäure)

Stufe 9, Hausaufgabe: Salzsäure – Zusammenfassung (des Themas der letzten drei Wochen). Mal sehen, was ich noch darüber weiß. Dazu mache ich eine ABC-Liste (das wäre 1 Kügelchen ● für das ABC und zwei Kügelchen ●● für assoziatives Denken):

1. Anorganisch, ätzend, Anode (sammelt sich Wasserstoff an)
2. Bergwerk
3. Chlor, Chlorwasserstoff, Chloride, Chlor-Chemie
4. Dichte (Salzsäure) > Dichte(Wasser)
5. Elektrolyse ergibt Wasserstoff und Chlor
6. Formel: HCl
7. Gasförmig (HCl), Geruch: stechend
8. Halogenide, Herstellung von Chloriden
9. Ionen: Chloride
10. J
11. Kalklöser, konzentriert = 35% (rauchend)
12. Lösung, leitfähig
13. Magen, Meer, molare Masse = 36,5 g/mol
14. Natriumchlorid

15. O
16. PH-Wert < 7
17. Q
18. Reaktionsfreudig
19. Säure, Salze, Sole, Schleimhaut
20. Tränen
21. Unterstützt die ..
22. Verdauung
23. Wasserstoff, wasserlöslich, wässrige Lösung
24. X
25. Y
26. Zersetzt Fleisch, Kalk

Nun vergleiche ich diese ABC-Liste mit dem, was in meinem Heft und meinem Buch steht, und ergänze eventuell.
(Vergleich 2 Kügelchen ●●)

Zwecks Zusammenfassung erstelle ich ein KaWa (KaWa 1 Kügelchen ●).
S – sauer
A – anorganische Säure
L – Lösung von Chlorwasserstoff in Wasser
Z – zersetzt Kalk
S – stechender Geruch
Ä – ätzt Schleimhäute
U – unterstützt die Verdauung
R – reagiert mit Metallen zu deren Chloriden und Wasserstoff
E – Elektrolyse ergibt Wasserstoff und Chlor

Dieses KaWa ist gleichzeitig eine hervorragende Merktechnik. Insgesamt habe ich 6 Kügelchen ●●● ●●● gesammelt.

Fallbeispiel 8: CHEMIE (Phenole)

Vergleich von
Definitionen –
1 Kügelchen ●

Stufe 13, Eigenschaften des Phenols (der Phenole): Was sind Phenole überhaupt? Soweit ich mich erinnern kann, sind das Aromaten mit einer OH-Gruppe. Mal sehen, was im Buch und im Lexikon darüber steht. (Vergleich von Definitionen – 1 Kügelchen ●) Laut Lehrbuch sind das aromatische Hydroxy-Verbindungen mit einer oder mehreren OH-Gruppen, und im Lexikon steht noch, dass die OH-Gruppen direkt an den aromatischen Ring gebunden sind.

- Phenole kommen in vielen Früchten und Gemüsesorten vor, diese werden daher an der frischen Schnittfläche dunkel. Warum? Weil Zellen zerstört werden und die dabei frei werdenden Enzyme die Oxidation der Phenole an der Luft begünstigen. (Frage – 2 Kügelchen ●●): Lassen sich Enzyme in ihrer Aktivität bremsen? Vielleicht indem man sie zerstört oder lahmlegt? Das möchte ich jetzt wissen. Ein Apfel wird auf dem Altar der Wissenschaft geopfert. (Experiment/Explorer – 1 Kügelchen ●): Eine Apfelscheibe dient als Kontrollstück, die wird der Luft ausgesetzt, eine zweite Scheibe wird mit Zitronensaft beträufelt, und die dritte wandert in den Kühlschrank.
- Phenole sind fest und teilweise wasserlöslich (sie lösen sich in viel Wasser auf) und diese Lösungen sind sauer. (Vergleich – 2 Kügelchen ●●): Die bisher behandelten Aromaten, alles Alkylbenzole, sind flüssig und nicht wasserlöslich. Wenn man die Strukturformel von Phenol aufzeichnet, so erkennt man, dass es einen unpolaren (wasserfeindlichen) aromatischen Ring besitzt wie die anderen Aromaten und eine polare (wasserfreundliche) OH-Gruppe. Mit der polaren OH-Gruppe geht es starke Wechselwirkungen (Wasserstoffbrücken) mit Wasser ein und kann sich daher in diesem auflösen. Der unpolare aromatische Ring, die Phenyl-Gruppe, wird einfach Huckepack mitgeschleppt. Deshalb löst es sich nicht sehr gut. Da die unpolaren Alkylbenzole keine polare Gruppe enthalten, sind sie auch nicht wasserlöslich. Diese OH-Gruppen sind auch für den festen Aggregatzustand verantwortlich. Zwischen den polaren

OH-Gruppen bilden sich starke Wasserstoffbrücken aus, während zwischen den unpolaren Molekülen der Alkylbenzole nur schwache Van-der-Waals-Kräfte wirken können. Bei den Phenolen ist dementsprechend mehr Energie nötig, um die Moleküle voneinander zu trennen, ihre Schmelzpunkte liegen höher, sie sind bei Zimmertemperatur fest. Ob sich mit diesen wenigen Eigenschaften ein KaWa (1 Kügelchen ●) erstellen läßt?

P – pH<7; Phenyl-Gruppe = unpolar
H –
E – Enzyme unterstützen die Oxidation des Phenols
N –
O – OH-Gruppe = polar
L – löslich in viel Wasser

Mit den noch fehlenden Eigenschaften des Phenols läßt sich das KaWa sicher noch vervollständigen. **Insgesamt 7 Kügelchen.**

MERKBLÄTTER sind für all jene, die an einem Thema besonderes Interesse haben oder etwas noch nicht wissen, was LeserInnen meiner anderen Bücher schon kennen, also:

NACH BEDARF zu lesen.

MERK-
BLÄTTER

⟹

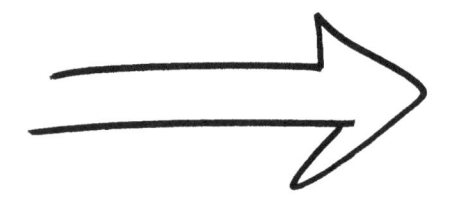

Merkblatt 1: Anlegen von Wissens-ABC & KaWa.s©

Experiment – Vorbereitungen
1. Bitte **Schreibzeug** zurechtlegen.
2. Einen **Timer** mit Sekundenangabe (notfalls ein **Küchenwecker**) auf 2 oder 3 Minuten einstellen.
3. Schreiben Sie **senkrecht** am linken Rand ein **ABC** (von A bis Z).

STOP! Alles vorbereitet?

Experiment 1: Das ABC-Spiel

1. Wählen Sie ein **Thema**: _____
2. Raten Sie, wie viele Begriffe Sie in den zwei oder drei Minuten, die Sie sich geben wollen, schaffen werden? (Hilfestellung: Je aktiver Sie normalerweise mit diesem Thema zu tun haben, desto mehr Begriffe werden Sie „griffbereit" vor**finden**.)
   Wie viele Begriffe? _____

   Achtung, ehe Sie zu schreiben beginnen!
   Das Ziel ist **nicht**, bei „A" zu beginnen und sich (verbissen) zum „Z" durchzukämpfen, sondern: Entspannen Sie sich, wandern Sie mit den Augen die Liste „rauf und runter" (wie meine Teilnehmer-Innen gerne sagen). Wenn Ihnen zu „G" oder „N" etwas „einfällt", notieren Sie dies. So erleben Sie kein systematisches „Ausfüllen" einer ABC-Liste, sondern eine Schreib-Augenwanderung.

3. Stellen Sie den **Timer** (Küchenwecker) ein! ☐ ok
4. Nun **starten Sie den Timer und schreiben Sie!**
5. Jetzt **zählen** Sie die Begriffe: _____
   (Anzahl)
6. Zum Schluß **vergleichen** Sie Einschätzung und Ergebnis!

A _____
B _____
C _____
D _____
E _____
F _____
G _____
H _____
I _____
J _____
K _____
L _____
M _____
N _____
O _____
P _____
Q _____
R _____
S _____
T _____
U _____
V _____
W _____
X _____
Y _____
Z _____

Wissens-ABC Irak-Krieg

A = Anzahl/Waffen Alternativen
B = Bodentruppen. Berater der Regierungen.
C = Co-Evolution
D = Diplomaten, Differenzen
E = Ethnische Konflikte
F = Frieden muß aktiv herbeigeführt werden (wie Kriege auch)
G = Golf-Region, Fallbeispiele noch und nöcher ...
H = Hightech-Waffen (inkl. am Soldaten selbst)
I = Israel/Palästina-Konflikt, Irak-Konflikte (vs. Iran, vs. die Welt)
J = J
K = Krieg-/Konflikt-Forschung
L = Luftabwehr
M = Militärische „Auseinandersetzung"
N = Nachsorge. NATO
O = Ohne moralische Skrupel: Opfer: Zivilisten
P = Probleme nach Krieg
Q = Qualität/Waffen
R = Region
S = Stehende Heere (mod. Kriegsführung); Strategie entscheidend – vfb
T = Tägliche Einschätzungen
U = Überlegene Waffen; UNO
V = Völkerrechtler
W = Wissenschaftler
X =
Y =
Z = Zivilbevölkerung

Wichtig ist, daß jeder Begriff, den wir hinschreiben, nur uns selbst etwas „sagen" muß. Wenn man die Liste mit anderen SpielerInnen vergleicht, muß man vielleicht hier und da erklären, was ein Wort bedeutet.

Es gibt grundsätzlich zwei Arten von ABC-Listen:

1. Schnelle Stichpunkte
(s. rechts) und

2. Eine ange-REICH-erte Liste
(mit kurzen Kommentaren).

Die Liste (rechts) ist die erste schnelle Liste, die ich zu dem Thema anlegte, als ich das Ende einer interessanten TV-Dokumention zum Irak-Krieg „erwischt" hatte.

Als die wenigen Minuten vorbei waren, notierte ich neben jeden Begriff eine kurze **Bemerkung**. Die meisten bezogen sich auf das Gesehene und Gehörte, hier und da fügte ich eigene Assoziationen hinzu. Diese sollten wir jeweils kenntlich machen, so daß wir später immer wissen, welche Ideen **nicht** Teil unserer Paraphrase der Botschaft (hier der Sendung) sind. Im Fallbeispiel habe ich sie mit „vfb" gekennzeichnet. Die lange, ange-REICH-erte Liste können Sie zum Vergleich hier einsehen:

Fallbeispiel: Konfliktforschungs-ABC

(ange-REICH-erte ABC-Liste Konfliktforschung – Was deutet auf Krieg?)

A = **Anzahl**/Waffen **Alternativen Alternativen** zum Krieg ...

B = **Bodentruppen**. **Berater** der Regierungen.

C = **Co-Evolution** von Kampfeswillen und Fähigkeit durch technische Wunderwaffen (wie Gewehre, die um die Ecke schießen können)

D = **Diplomaten** (in UNO) versuchen Kriege zu vermeiden; **Differenzen** zwischen NATO-Verbündeten machen Frieden schwierig bis unmöglich. vfb: Wenn die USA sich dann noch aus der UNO ausklinken, wenn diese ausnahmsweise gegen einen von den USA gewollten Krieg (Irak) ist, dann ist das sehr traurig.

E = **Ethnische** Konflikte in letzten Jahren verschärfen Lage, Arabien vs. West, Islam vs. Christliche, wobei (vfb) die Fundamentalisten aller Religionen gleich intolerant und gemeingefährlich sind. Es ist äußerst gefährlich, über die islamistischen herzuziehen, ohne zu bedenken, welchen Ausländerhaß bei uns z.B. christliche „Fundamentalisten" erzeugen können ...

F = **Frieden** muß **aktiv** herbeigeführt werden (wie Kriege auch) – vfb

G = **Golf-Region**, Fallbeispiele noch und nöcher, wobei den Palästinenser den Israelis dasselbe antun, wie die Israelis den Engländern damals. Da sie erfolgreich waren, finden sie ihren Kampf auch moralisch gerechtfertigt, im Sprachgebrauch der Engländer waren sie einst auch Terroristen gewesen.

H = **Hightech-Waffen** (inkl. am Soldaten selbst), s. „C"

I = **Israel**/Palästina-Konflikt, **Irak**-Konflikte (vs. **Iran**, vs. die Welt)

J = J

K = **Krieg**- und Konflikt-Forschung: Parallelen zwischen beiden. Ein Krieg ist eine Variante von Konflikt, können daher Maßnahmen der Konfliktforschung hier zum Tragen kommen?

L = **Luftabwehr** extrem wichtig

M = **Militärische** „Auseinandersetzung": Muß es immer ein „Krieg" sein?

N = **Nachsorge** meist nicht existent (vgl. Afghanistan damals, als die Russen es verließen hat sich niemand gekümmert, nicht die freie Welt noch Amerika. Heute dasselbe: viel zu wenig Hilfe, um das Land endlich aufzubauen ...). Na ja, dort gibt es halt kein Bodenschätze ...; **NATO**

O = **Ohne** moralische Skrupel: Kriegstreiber wie Bush (sen. **und** jr.): **Opfer**: Zivilisten (a) durch Verletzungen und Tote im Krieg und durch Minen später, sowie b) in der Nachkriegszeit, wenn es an allem fehlt und wieder eine Generation von Kindern sich suboptimal entwickeln wird (geistig-intellektuell wegen Unterernährung, Krankheiten etc.)

P = **Probleme** nach dem Krieg: viele wurden vorher nicht bedacht, wiewohl sie absehbar waren (z.B. Post-Kriegs-Afghanistan, Irak etc.) vfb: Wie heißt es so schön: Die USA haben zwar den Krieg gewonnen, nicht aber den Frieden ...

Q = **Qualität** der Waffen heute wichtiger als Anzahl (s. „A") Waffen/Soldaten

R = **Region** gesamte: in Brand stecken (US-Pläne hierzu existieren schon)

S = **Stehende** Heere (moderne Kriegsführung); **Strategie** entscheidend – vfb

T = **Tägliche** Einschätzungen der Kriegs-Wahrscheinlichkeit: *Washington Post;* diese Veröffentlichungen beeinflussen die Kriegs-Chance ebenfalls! Heute wird die Kriegsführung in weit größerem Maß durch die Presse gesteuert als früher, als die Presse immer erst Tage oder Wochen später berichten konnte.

U = **Überlegene** Waffen (nicht unbedingt mengenmäßig, mit weit besseren Waffen kann man auch zahlenmäßig mehr Feinden überlegen sein, das ist typisch für moderne Söldnertruppen); **UNO**

V = **Völkerrechtler** versuchen Spielregeln für Kriege zu finden (z.B. Genfer Konventionen), derzeit besteht die große Debatte, ob man einen „pre-emptive strike" zulassen darf, wenn ja, dann könnten in Zukunft alle möglichen Länder alle möglichen anderen Länder einfach so mit Krieg überziehen, um mögliche spätere Aktionen jener Länder zu vermeiden ...

W = **Wissenschaftler** befürchten, daß die Gegend auch nach einem neuen Irak-Krieg keinen Frieden finden wird, sowie, daß weltweit der Terror als Reaktion auf die US-Handlungen im Irak anwachsen wird ...

X = X

Y = Y

Z = **Zivilbevölkerung** ist immer das Opfer. Das begann mit dem langen Embargo, das war während der Bombardierung der USA wahr und das bewahrheitet sich im post-Kriegs-Irak auch wieder ...

Experiment 2: Das KaWa-Namens-Spiel

Schreiben Sie auf ein weiteres Blatt (**quer**) den **Namen** einer Person bzw. eines (fiktionalen) Charakters, den Sie gut „kennen" (z.B. Inspektor COLUMBO) in die **Blattmitte**. Schreiben Sie bitte möglichst große **Großbuchstaben**.

1. Diesmal **wandern Sie mit den Augen waagerecht** über die **Buchstaben** des Namens.

2. Jedesmal, wenn Ihnen etwas einfällt (z.B. eine Eigenschaft), notieren Sie dies. So könnte Ihnen bei **Dagobert Duck** zu „G" einfallen, daß er **geldgierig** ist, oder Sie denken bei „B" vielleicht an seine Eigenart, seinen Neffen Donald immer wieder zu betrügen, also notieren Sie z.B. bei „B" **betrügen**. Schreiben Sie immer **waagerecht** (dies ist KEIN Mind-Map) und zeigen Sie klar durch „Blasen" oder farbige Linien, **welche Assoziation zu welchem Buchstaben des Namens gehört**.

Nachdem jeder Begriff den Namen für eine Sache, einen Prozeß, eine Tätigkeit etc. darstellt, können wir zu jedem erdenklichen Thema Ka-Wa.s© anlegen! Wir sehen: Sowohl das ABC als auch ein KaWa© bieten uns immer eine **schnelle kleine Inventur** nach dem Motto: Was weiß ich? Was fällt mir heute ein bzw. zu?

So können wir jederzeit zu jedem Thema feststellen, **wie „fit"** wir **derzeit** sind (oft weniger als wir dachten). Wir können aber auch „schnell mal ein ABC oder ein KaWa© anlegen", **ehe** wir **tiefer** über ein Thema nachdenken wollen, **denn die Liste löst einen neurologischen Vorteil im Gehirn aus**: Sie zwingt die Mitarbeiter in den Katakomben, zumindest die Hände auf die Griffe der betreffenden Kästen zu legen, denn Sie arbeiten ja **mindestens 90 Sekunden** (bis 3 Minuten) lang an diesem Thema. Damit aber lösen Sie einen **neurologischen Mechanismus** aus, den wir dem Begriff des **assoziativen** Denkens zuordnen.

ABC-Listen und WORT-Bilder (= KaWa.s)

Beide Klassiker führen zum **Stadt-Land-Fluß-Effekt©**, d.h. wir erzielen den **Experten-Bonus** zu allen Themen, die wir **häufig SPIELEN**. Im Klartext: **Wir allein entscheiden, zu welchen Themen wir leere Denk-Wolken (Ideen-Schwärme) haben wollen und zu welchen Themen uns zufällig** (ha ha!) regelmäßig sehr viel ein- oder zufällt.

Das heißt: Wir denken nach und suchen Assoziationen, dabei stellen wir fest: Es fällt uns **nichts, wenig** oder viel ein (bzw. zu). Also erleben wir dies als **Mücke oder Lücke?** Es ist **unsere** Entscheidung, ob wir bei „leeren" Denk-Wolken auch in Zukunft lieber Lücken als Mücken finden wollen. Man muß nicht alles wissen, richtig. Aber man könnte weit mehr wissen, als man normalerweise weiß.

Lernen wird dann sooooo gehirn-gerecht und demzufolge sooooo leicht, daß man kaum noch begreifen kann, warum man so lange gedacht hatte, Lernen müsse anstrengend sein – wir werden bald viele Mücken finden.

Dabei können bereits **kleinste Lern- und Trainings-Einheiten extrem hilfreich** sein!

Aber das kann nur erfahren, wer es **einige Wochen** lang ausprobiert und (wie ein Forscher) beobachtet, was passiert!

Was bedeutet KaWa (& KaGa) eigentlich?

Nun, als ich in den 1990ern meine Seminar-TeilnehmerInnen vom logisch-rationalen, linearen Denken zum „kreativeren" **analogen Denken** hinführen wollte, entwickelte ich drei Denk-Tools: ABC-Listen, WORT-Bilder und Wort-BILDER. Komischerweise verführt uns eine ABC-Liste **NICHT** zum linearen Denken, wenn wir mit den Augen „rauf und runterwandern" und spontan eintragen, was uns einfällt. Somit erlaubt sie **assoziatives Denken** vom Feinsten (während viele Leute annehmen, eine ABC-Liste müsse rational-logisch sein).

Vgl. zum LESEN (mit vielen Abbildungen) mein *Das große Analograffiti-Buch*, zum SEHEN mein Video-Seminar *Wortlos denken?*.

Die WORT-Bilder entstehen durch freie Assoziation zu den einzelnen Buchstaben des WORTES und die Wort-BILDER dadurch, daß wir eine Idee „hieroglyphisieren", wir zeichnen sie also. Da dieses Konzept den meisten Leuten im ersten Ansatz etwas schwierig vorkommt, möchte ich alle Interessierten bitten, sich an anderer Stelle damit zu befassen (s. Rand). Hier will ich nur feststellen: Wer ein Problem zeichnet (und sei es noch so „abstrakt") hat es auch begriffen. Oder: Wer unfähig ist, das Problem zu „zeichnen", hat es nicht wirklich verstanden. Diese Zeichnungen müssen für einen Außenstehenden **nicht** verständlich sein, wir sprechen von einer anderen Form der Darstellung. Für alle, die hier völlig falsche Ängste haben, zeigt das Video-Seminar (vgl. Rand) auf, worum es dabei geht.

ABC-Listen und WORT-Bilder (= KaWa.s) 145

Nach langem Suchen nannte ich diese **drei machtvollen Denk-Tools** zusammengefaßt **ANALOGRAFFITI**©.*

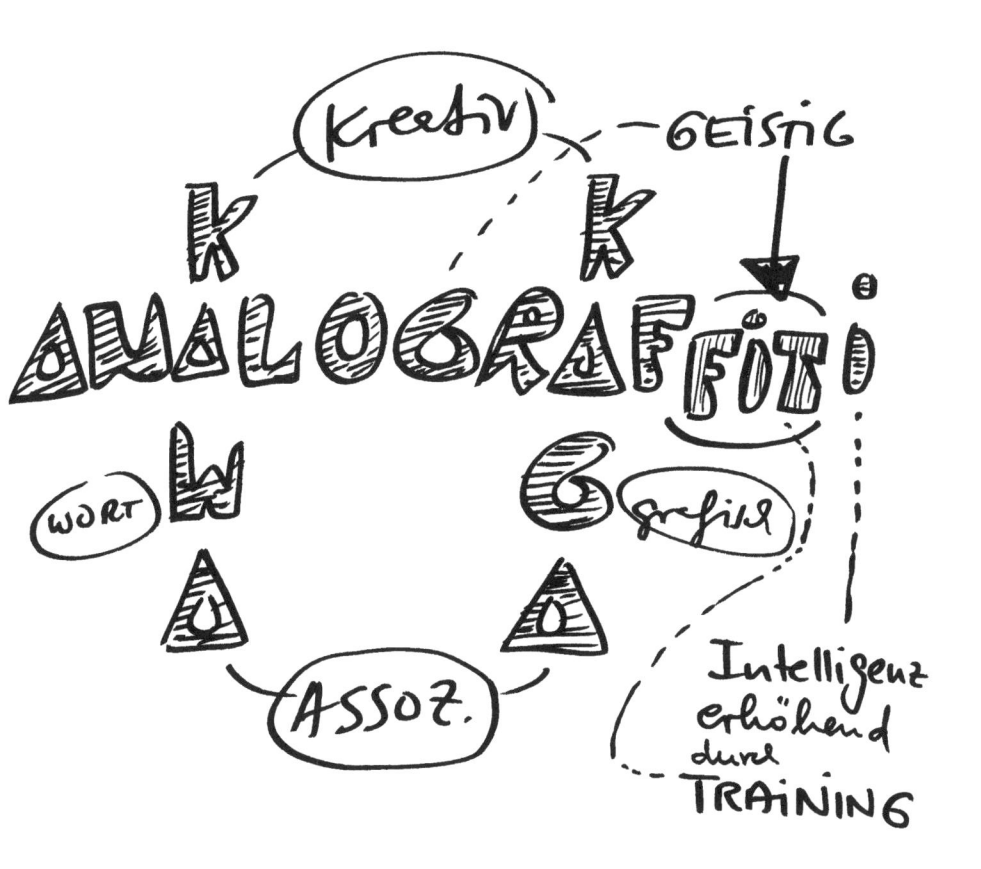

(handschriftliche Skizze: ANALOGRAFFITI mit den Bestandteilen K (kreativ), K (geistig), W (WORT), G (grafisch), ASSOZ., „Intelligenz erhöhend durch TRAINING")

---

* Ich danke Herrn LOHOFF (vom usa-Team), der bei der Namensfindung damals half: „Analografie" war der Vorläufer von ANALOGRAFFITI©, welches international verständlich ist.

Merkblatt 2: LULL'sche Leitern

Das Bahnbrechende an der Technik von Raimundus LULLUS besteht darin, daß wir zwei Listen (z.B. ABC-Listen) nebeneinander legen und systematisch jeden Begriff der einen Liste mit jedem der anderen verbinden. Dies kann durchaus ein Weilchen dauern! Wenn ich zwei gut gefüllte ABC-Listen in dieser Weise „spiele", dann „spiele" ich einige Tage lang mit diesen zwei „Leitern"! So kann man Werbeblöcke im Fernsehen z.B. besser nutzen, als herumzuzappen – und es lohnt sich weit mehr.

LULLUS entwickelte seine Methode zum Nachdenken, zum Generieren von neuen Einsichten, als Denk-Werkzeug (neudeutsch: Denk-Tool). Dies können EinsteigerInnen oft zunächst nicht glauben, denn: Wer gerade erste Gehversuche mit einfachsten Listen probiert, kann ja nicht ahnen, wie großartig diese Technik ist. Auf der anderen Seite können wir auch nicht am ersten Tag tiefschürfendste Listen miteinander verbinden, weil man die Technik des paarweisen Assoziierens erst beherrschen muß. Dieser Denk-Stil ist in Schule und Ausbildung meist zu kurz gekommen und braucht dringendst Training. Assoziatives Denken ist die Grundlage für intelligente wie kreative Gedankengänge. Daher gilt:

Je WESEN-tlicher beide Listen für unsere Kern-Themen sind, desto ergiebiger werden die Ergebnisse sein.

(Wir können aber auch „nur so" üben, also je zwei Begriffe miteinander ver-BIND-en, um zu sehen, was dabei „herauskommt" – einfach, um unsere geistige **Fitneß** in diesem Bereich zu steigern.)

Fallbeispiel: HERRSCHER und BIOLOGIE?

Angenommen wir hätten zwei ABC-Listen, die eine (aus dem Geschichts-Unterricht) mit großen Herrschern, die zweite aus Bio mit biologischen Begriffen. Stellen wir uns vor, wir spielen LULL'sche Leitern. Ohne jetzt Zeile für Zeile vorzuführen, möchte ich Ihnen das Prinzip aufzeigen.

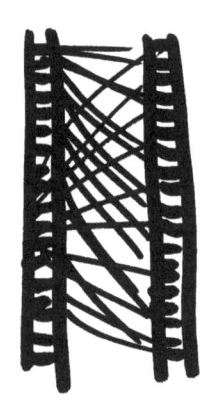

Viele Leute berichten mir nach ihren ersten Versuchen, daß Übung zwangsläufig die meiste Zeit **nichts bringt**. Beispiel: Was solle man mit Herrscher-Namen (linke Liste) und Begriffen aus der Biologie (rechte Liste) anfangen? (Hier: „1. Anti-biotisch" bzw. „2. Biotisch".) Nun, es gilt immer die Regel: Je mehr wir von den **beiden** Themen wissen, desto „ergiebiger" wird das **Ergebnis**! Ich bin zwar weder Geschichtslehrer (wie der Fragesteller) noch in Biologie sehr bewandert, aber hier sind meine allerersten Assoziationen, die ich neulich spontan am Telefon gab (wobei solche Gespräche meist mitgeschnitten werden, daher kann man später transkribieren, was gesagt wurde). Merke:

Offiziell besteht die Übung darin, jeden Begriff links mit jedem rechts zu verbinden, aber natürlich darf unser Blick schweifen. Wenn ich ein **Gegensatzpaar** entdecke (hier in der Biologie-Liste), dann darf ich bei allen Assoziationen gleich über beide nachdenken, statt dies nacheinander zu tun.

Dies zeigt das folgende Beispiel meiner spontanen Reaktionen:

Aus der HERRSCHER-Liste:
1. AUREL, Mark
2. BUSH (sen. und jr.)
3. HITLER
4. KUBLAI KHAN
5. STALIN
etc.

Stark verkürzte Herrscher-Liste, Verbindung zu zwei Begriffen der Bio-Liste – nur als Demonstration.

Aus der BIOLOGIE-Liste:
1. ANTI-BIOTISCH
2. BIOTISCH
etc.

_____
_____
_____
_____
_____

Ich sehe einige der Herrscher als durchaus lebens-feindlich (also ANTI-BIOTISCH), während AURELIUS als besonders humaner großer römischer Kaiser gilt, den ich eher mit lebens-freundlich (BIOTISCH) verbinden würde.

Wichtig ist auch, daß solche Übungen, wenn man sie in der Gruppe durchführt, großartige **Diskussionen** auslösen können. Bei HITLER und STALIN herrscht weitgehend Einigkeit (ANTI-BIOTISCH), aber bei den beiden US-Präsidenten BUSH (Anfang der 1990er der Senior, Anfang der 2000er der Junior) – wie sehen wir das? Da könnte man doch überlegen, ob wir nicht lieber ein Spektrum zwischen den beiden Gegensätzen aufspannen und Kreuzchen beschriften: Wer von den beiden hat mehr Tote zugelassen oder aktiv töten lassen? Oder nehmen wir KUBLAI KHAN, den Enkel von GENGIS (DSCHINGIS) KHAN: Erst mußte er in China einmarschieren, also kämpfen. Aber nachdem er den Sieg errungen hat, wurde er ein milder Herrscher. Er war es, der in Peking den großen Palast (der an jeder Ecke ein Kloster enthielt) baute. Er erhob die Philosophie von Konfuzius zur Staatsreligion, ein harter Herrscher, dessen Wünsche Gesetz wurden, aber kein lebensfeindlicher, wie STALIN .... Somit könnte man auch unterscheiden, zwischen unterschiedlichen Epochen im Leben **eines** Herrschers ...

Wieder sehen wir, daß die Übung der LULL'schen Leiter spannende Ideen und Fragen auslöst und daß wir hinterher differenzierter über die Inhalte unserer ABC-Listen nachdenken können als vorher.

PS: Beste Zeiten, um zu spielen, sind Werbeblocks im Fernsehen, Zugreisen, Warten am Flughafen-Gate bzw. Warten jeder Art. Stecken Sie je eine Liste in eine Tasche rechts und links, holen Sie beide kurz heraus, werfen Sie einen Blick auf die nächstfolgende Verbindung, stecken Sie die Karten weg und reflektieren Sie nun 1 bis 50 Minuten, ehe Sie die nächste Verbindung prüfen. Sehr ergiebig ...

Merkblatt 3: Fibonacci-Zahlenreihe

Dies ist ein weiteres konkretes Fallbeispiel für den Ball-im-Tor-Effekt© (vgl. Seite 45ff.).

Bereiten Sie zehn Zeilen vor. Dann erstellen wir eine Fibonacci-Reihe nach einer Spielregel ähnlich wie bei dem Spiel vorhin. Wir fangen ganz einfach an mit 1 + 1. Ab jetzt, ab Zeile drei, werden Sie jeweils die Zahlen der letzten beiden Zeilen zusammenzählen:

Zeile 1: **1**
Zeile 2: **1**
Zeile 3: **1 + 1 = 2**
Zeile 4: **1 + 2 = 3**
Zeile 5: **2 + 3 = 5**
Zeile 6: **3 + 5 = 8**
Zeile 7: **5 + 8 = 13**

Nehmen Sie nun das Ergebnis der siebten Zeile mal 11! Wenn Sie diese Übung als **Additionstraining** machen: Eine Zahl mal 11 nehmen heißt lediglich, sie zweimal (versetzt) hinzuschreiben und zusammenzuzählen. Es ist also ebenfalls eine einfache Additionsaufgabe! Das kann auch ein Kind, das von Multiplikation noch keine Ahnung hat.

Zeile 8: **Sie sind dran ...**
Zeile 9: **Sie sind dran ...**
Zeile 10: **Sie sind dran ...**

Wenn Sie hier angekommen sind, dann zählen Sie bitte die Ergebnisse aller zehn Zeilen zusammen. Das ist die **große Addition am Ende** ... Wenn diese Summe identisch ist mit dem errechneten Produkt (Ergebnis der 7. Zeile mal 11), dann ist Ihr **Ball im Tor**.

Merkblatt 3: Fibonacci-Zahlenreihe

falls nicht:

AUTO-NOM

(selber prüfen) + üben (wie beim Sport!)

Falls der Ball nicht im Tor ist, wissen wir, daß es drei Möglichkeiten gibt, an denen wir autonom forschen können:

1. Wir könnten beim Erstellen der Fibonacci-Zahlen einen Fehler gemacht haben.
2. Wir könnten uns bei dem Schritt „Ergebnis der 7. Zeile mal 11" geirrt haben.
3. Wir könnten bei der großen Addition am Ende einen Fehler gemacht haben.

Die Tatsache, daß man einem Fehler selbst nachspüren kann, gern auch mithilfe des Taschenrechners, und daß man so schnell oder langsam vorgehen kann, wie man möchte, ist sehr wichtig. Denn in der Schule, wenn alle gleichzeitig dasselbe tun sollen, stimmt oft das eigene Tempo nicht mit dem der anderen überein. Hier können wir Pausen machen, mal schneller oder langsamer arbeiten, ganz wie wir wollen!

Das Tolle an dem System ist: Man kann auf einfache Weise Additionen mit sehr kleinen Zahlen üben (s. oben), aber auch die Schwierigkeit systematisch erhöhen – wir können eine Zahl mit beliebig vielen Stellen in die ersten beiden Zeilen schreiben. Die beiden ersten Zahlen müssen übrigens nicht identisch sein. Als Gegenbeispiel zu oben (zweimal die Zahl 1), wollen wir jetzt eine solche Rechnung mit einer vierstelligen Zahl starten, bei der die 1. und 2. Zeile nicht identisch sind:

Zeile 1: **8.976**
Zeile 2: **3.345**
Zeile 3: **12.321**   Zeile 1 (8976) + Zeile 2 (3345)
Zeile 4: _____   Zeile 2 + Zeile 3
Zeile 5: _____   Zeile 3 + Zeile 4
Zeile 6: _____   Zeile 4 + Zeile 5
Zeile 7: _____   Zeile 5 + Zeile 6

Nehmen Sie die siebte Zahl mal 11!

→ *weiter*

Zeile 8: _____ **Zeile 6 + Zeile 7**
Zeile 9: _____ **Zeile 7 + Zeile 8**
Zeile 10: _____ **Zeile 8 + Zeile 9**

Wenn Sie hier angekommen sind, dann zählen Sie wieder alle zehn Ergebnisse zusammen. Diesmal wird die **große Addition am Ende** wirklich ziemlich groß. Wenn diese Summe identisch ist mit dem Produkt (Ergebnis der 7. Zeile mal 11), dann ist Ihr **Ball im Tor**.

Eine Dame, die selbst mit Fibonacci übt, schickte mir freundlicherweise dieses große Beispiel mit 9-stelligen Zahlen als e-mail; vielleicht macht es Ihnen ja Mut?

Liebe vfb,
hier meine Fibonacci-Reihe mit einer 9-stelligen Zahl.
(1) 123456789
(2) 123456789
(3) 123456789 + 123456789 = 246913578
(4) 123456789 + 246913578 = 370370367
(5) 246913578 + 370370367 = 617283945
(6) 370370367 + 617283945 = 987654312
(7) 617283945 + 987654312 = 1604938257
(7) x 11 = **17.654.320.827**
(8) 987654312 + 1604938257 = 2592592569
(9) 1604938257 + 2592592569 = 4197530826
(10) 2592592569 + 4197530826 = 6790123395
Summe (1) bis (10) = **17.654.320.827**

Ich hoffe, die Darstellung ist o.k. Beim Ausrechnen schreibe ich einfach immer untereinander und brauche ja dann immer nur die zwei letzten zu addieren:

(1) 123456789

(2) 123456789

(3) 246913578

(4) 370370367

(5) 617283945

(6) 987654312

(7) 1604938257 v (7) x 11 = **17.654.320.827**

(8) 2592592569

(9) 4197530826

(10) 6790123395

Summe (1) bis (10) = **17.654.320.827**

Sie hat es ohne Taschenrechner geschafft

Übrigens habe ich dies alles ohne Taschenrechner gemacht, und das **Erfolgserlebnis**, wenn bei der Gesamtsummen-Addition eine Zahl nach der anderen stimmt (durch **Ball-im-Tor-Effekt**© ja bei jeder einzelnen Ziffer sofort erkennbar) ist **gigantisch**.

Liebe Grüße, Denise Ebenhöch

☺ DANKE, Frau Ebenhöch!

Merkblatt 4: 50 Sprichwörter

Hier finden Sie die Auflösung zu den Lückentexten auf den Seiten 80 bis 83:

1. Wer einen guten Sprung machen will, geht erst rückwärts.
2. Achte nicht bloß auf das, was andere tun, sondern auch auf das, was sie unterlassen.
3. Alte soll man ehren, Junge soll man lehren, Weise soll man fragen, Narren vertragen.
4. Ein Löffel voll Tat ist besser als ein Scheffel voll Rat.
5. Die Wahrheit ist ein selten Kraut, noch seltener wer es gut verdaut.
6. Je länger eine gute Geige gespielt wird, desto schöner ist ihr Ton.
7. Für jede Dummheit findet sich einer, der sie macht.
8. Lege nicht der Zeit zur Last, was du selber verschuldet hast.
9. Keine Kette ist stärker als ihr schwächstes Glied.
10. Es ist leicht, Abschied zu nehmen, aber schwer, sich wiederzusehen.
11. Auch wenn Liebe in Kummer schwimmt, trinkt sie den Wein der Lust.
12. Die Liebe ist ein lebendiger Tod und ein sterbendes Leben.
13. Wer vernünftig gebieten kann, dem ist gut dienen.
14. Man sieht den Splitter im fremden Auge, im eignen den Balken nicht.
15. Des Menschen Leben nimmt immer ab, aber seine Begierden nehmen täglich zu.
16. Es müssen starke Beine sein, die gute Tage ertragen können.
17. Reden kommt von Natur, Schweigen vom Verstande.
18. Wahrheit gibt kurzen Bescheid, Lüge macht viel Redens.
19. Wer auf dem Wasser fährt, hat den Wind nicht in der Hand.
20. Stillem Wasser und schweigenden Leuten ist nicht zu trauen.
21. Es gibt nur zwei gute Weiber auf der Welt: die eine ist gestorben, die andere nicht zu finden.

22. Es ist leichter tadeln als besser machen.
23. Wer sich zur Taube macht, den fressen die Falken.
24. Wer Lust hat zu tauschen, hat Lust zu betrügen.
25. Steht uns ein Sündenbock bereit, lebt man viel leichter allezeit.
26. Mit den Wölfen heulen, gilt denen als Ausrede, die mit den Schafen blöken (Hans REIMANN)
27. Eine Gesellschaft von Schafen muß mit der Zeit eine Regierung von Wölfen hervorbringen. (Bertrand de JOUVENEL)
28. Es ist besser, als ein Wolf zu sterben, denn als Hund zu leben. (Herbert WEHNER)
29. Achte auf deine Gedanken – sie sind der Anfang deiner Taten.
30. Alle Menschen werden als Original geboren, die meisten sterben als Kopie.
31. Der glücklichste Mensch ist derjenige, welcher die interessantesten Gedanken hat.
32. Ehe man tadelt, sollte man immer versuchen, ob man nicht entschuldigen kann.
33. Gegen Pechsträhnen sind auch Friseure machtlos.
34. Nur wer auch mal gegen den Strom schwimmt, kann zur Quelle gelangen.
35. Geldgeschenke sind fantasielos. Vor allem kleine.
36. Schöne Tage – Nicht weinen, weil sie vergangen, sondern lachen, weil sie gewesen.
37. Tue das, was du fürchtest, und die Furcht stirb einen sicheren Tod.
38. Vier Dinge sind es, die nicht zurückkommen: das gesprochene Wort, der abgeschossene Pfeil, das vergangene Leben und die versäumte Gelegenheit.
39. Warum haben wir zwei Ohren und nur einen Mund? Weil wir doppelt soviel zuhören wie reden sollten!
40. Zuerst lernt man gehen und sprechen, dann stillsitzen und Maul halten.
41. Klug ist jeder, der eine vorher, der andere nachher.

42. Gib dem Tag die Chance, der schönste deines Lebens zu werden.
43. Frage nicht, was andere machen, achte auf deine eigenen Sachen.
44. Den wirklich Freien erkennt man daran, dass er keine Angst hat seine Freiheit zu verlieren. Der Unfreie hat sogar Angst davor seine Unfreiheit zu verlieren.
45. Dementi ist die Bestätigung einer Nachricht, die vorher Gerücht war.
46. Ein schlechtes Gewissen braucht keinen Kläger.
47. Wer drei Feinde hat, muß sich mit zweien vertragen.
48. Die besten Sachen im Leben gibt es umsonst.
49. Eine schlechte Entschuldigung ist besser als keine.
50. Es ist besser, reich zu leben, als reich zu sterben.

Hinweis auf www.birkenbihl.de

Es handelt sich um eine spezielle INSIDER-Site für meine LeserInnen, HörerInnen, Seminar-TeilnehmerInnen und für Menschen, die mich in Radio und/oder Fernsehen „erlebt" haben. Es gibt einige „**offene**" Beiträge, aber es gibt auch Arbeits- und Kontakt-FOREN hinter einem Paßwort. Wenn Sie den **offenen** Teil, darunter auch das **offene** Forum (die sogenannte WANDZEITUNG*) kennengelernt haben und ein Gefühl für die Site entwickelt haben, und wenn Sie von dem einen oder anderen Forum erfahren, dann (bitte erst dann) fragen Sie nach dem Paßwort. Geben Sie den Titel dieses Buches und diese Seitenzahl an, um die Sache zu beschleunigen.

Im Zusammenhang mit den **Kopf-Spielen** könnten Sie folgende Foren (hinter dem Paßwort) besonders interessieren:
- **ABC-Listen** (arbeiten Sie an Themen anderer Insider mit oder wünschen Sie sich ein Thema, zu dem Sie **Input** erhoffen;
- **Zitate-Forum** (für das Zitaten-Spiel);
- **WQS-Spiele** (für die Wissens-Quiz-Spiele).

---

* Dort können Sie Fragen loswerden, nachdem Sie zu Ihrem Stichwort gesucht haben, ob eine ähnliche Frage schon beantwortet wurde.

Literaturverzeichnis

1. **GATTO, John Taylor:** *Wie das allgemeine Bildungswesen unsere Kinder verkrüppelt, und warum.* (Übersetzung: Oliver Baillieu)
2. **KOESTLER, Arthur:** *Der Mensch – Irrläufer der Evolution* (Original: Janus. A Summing Up). Goldmann Verlag, Bern/München, 2. Auflage 1981
3. **KOESTLER, Arthur:** *Die Armut der Psychologie – Zwischen Couch und Skinner Box und andere Schriften.* Fischer, Frankfurt/Main 1989
4. **KOHN, Alfie:** *Punished by Rewards.* Mariner Books, Boston 1999
5. **KOHN, Alfie:** *The Schools Our Children Deserve.* Houghton Mifflin, Boston 2001
6. **KRASHEN, Stephen D.:** *Principles and Practice in Second Language Acquisition.* Prentice Hall International, 1987
7. **LANGER, Ellen J.:** *Kluges Lernen – Sieben Kapitel über kreatives Denken und Handeln.* rororo, 2002
8. **LANGER, Ellen J.:** *The Power of Mindful Learning.* Perseus Books, Cambridge 1998
9. **LULLUS, Raimundus:** zit. bei YATES, Frances A.
10. **LULLUS, Raimundus:** *Opera – Clavis Pansophiae* Frommann-holzboog. Stuttgart/Bad Cannstatt 1996
11. **POSTMAN, Neil:** *Keine Götter mehr – Das Ende der Erziehung.* dtv, München 1997
12. **POSTMAN, Neil:** *Wir amüsieren uns zu Tode – Urteilsbildung im Zeitalter der Unterhaltungsindustrie.* Fischer Taschenbuch Verlag, Frankfurt/Main 1988
13. **PROUST, Marcel:** *Auf der Suche nach der verlorenen Zeit.* Suhrkamp, Frankfurt/Main 1981
14. **REAVIS, George:** *Die Tierschule.* www.jane-bluestein.com/handouts/animal.html
15. **REICHEN, Jürgen:** *Lesen durch Schreiben A2K. Hannah hat Kino im Kopf* (Lernmaterialien). Heinevetter Lehrmittel, Hamburg 2004
16. **REICHEN, Jürgen:** *Lesen durch Schreiben A2K* (Didaktischer Begleitkommentar). Heinevetter Lehrmittel, Hamburg 2004
17. **SMITH, Frank:** *Insults to Intelligence.* Heinemann, Portsmouth 1988
18. **SPITZER, Manfred:** *Geist im Netz.* Spektrum Verlag, Heidelberg 2000
19. **YATES, Frances A.:** *Gedächtnis und Erinnern – Mnemonik von Aristoteles bis Shakespeare.* Akademie Verlag Berlin, 4. Auflage 1997

Internet-Adresse
www.birkenbihl.de

In diesem Buch zitierte Werke von Vera F. Birkenbihl:

1. *ABC-Kreativ.* Ariston (Hugendubel), Kreuzlingen/München 2002/Goldmann 2004
2. *Intelligente Party-Spiele.* Urania, Berlin, 2. Auflage 2004
3. *Stroh im Kopf?* mvg, Landsberg/München, 43. Auflage 2004
4. *Trotzdem Lehren.* Gabal, Offenbach 2004
5. *Das innere Archiv.* Gabal, Offenbach 2002
6. *Intelligente Wissens-Spiele.* Gabal, Offenbach 2003
7. *30 Minuten So erstellt man WISSENs-Quiz-SPIELE,* Gabal, Offenbach 2003
8. *Mehr intelligente Kopf-Spiele.* Gabal, Offenbach 2004
9. *Sprachenlernen leicht gemacht.* mvg, Landsberg/München, 28. Auflage 2003
10. *Wortlos denken.* Video-Seminar, Gabal, Offenbach

Ausführliche Informationen sowie einen aktuellen Gesamtüberblick zu all meinen Büchern, Video-Vorträgen, Ton-Kassetten etc. finden Sie auf meiner Website **www.birkenbihl.de**

Stichwortverzeichnis

A
ABC-Couvert 26, 98
ABC-Kreativ 27 f., 31
ABC-Liste/n 21 f., 27, 31, 33, 38, 51, 36, 143f., 146
ABC-Spiel/e 36 f., 139
Achterbahn 28, 30
Addition/en 149 ff.
Additionstraining 149
Adjektive 78, 81
Adler 9
Adverbien 81
aktiv-kreativ 85
Amazonas 26
An-REICH-erung/en 11, 109, 111 ff.
Analograffiti 145
Apfelkuchen 58
Archiv, inneres 36, 94
Artikel 81
Assoziation/en 19, 23, 27, 34, 55, 76, 95
assoziativ 20, 22, 30, 33, 39
Assoziativ-Spiele 21 ff.
Augen 65
Auswendiglernen 39 ff., 70
Auswirkungen 35
Autofahren 47
Ägypten 126
ändern 69

B
BACH 31
Bad 30
Ball im Tor 149, 151
Ball-im-PC-Tor 47 f.
Ball-im-Tor-Effekt© 45 ff., 48, 149
BEETHOVEN, Ludwig van 29, 133
begreifen 20, 69
beiläufiges Lernen 13, 49 f.
Beobachtung 62

Bildung 32
Biologie 146
Bisoziation/en 27, 29 f., 32
Blasinstrumente 102
Blumen 95
Buchstaben 23
Büffeln 42 f.

C
Chamäleon 63
Checklisten 11, 121
Chemie 41, 134 f., 136 f.
China 83
COLUMBO 64
Computer 30, 39

D
DATA 31
Daten 39
Definition/en 52 ff.
Definitionen vergleichen 53 ff.
Definitionen-Detektiv-Spiel 52 f.
Definitions-Vergleichs-Spiel 54 f.
Demokratische Definitionen© 56
Denk-Hilfe 124
Denk-Instrument 57
Denk-Prozeß 100
Denk-Wolken 143
Denken 40, 42
Denken, analoges 144
Denken, assoziatives 19 ff., 27, 29, 124, 144
Denker 31
Doppel-Checkliste 17, 22, 124
Dose 31
Drehbücher 91
Druckbuchstaben 77
Dune 105

E
Eichhörnchen 9
Einkaufs-Zentrum 10, 13
Einsichten 29
Einsteiger 37
Ent-DECK-en 56
Ent-DECK-ungen 25
Ente 9
Entscheidung 97
Entwicklung 27
Erdbeben 109 ff.
Erklärung 44
Erlebnis, erstes 35
Experten-Bonus 143
Explorer 129

F
Fakten 39
Farben 61
Feedback 45
Fibonacci-Zahlenreihe 149 ff.
Fitneß 48
Fitneß-Camp 21
Flasche 28
Flöte 102
Form/en 43, 68
Fortgeschrittene 37
Frage-Antwort-Spiele 131
Frage-Spiele 57
Fragen 15, 44, 57 ff., 104, 125, 129
Fragetechniken 128
Franzosen 74
Frauen 55
freies Sprechen 90
Fremdsprache 63

G
ganz langsam 65, 99
GATTO, John Taylor 75
Gedanken 33 f.
Gedankenaustausch 129

Gedächtnis, semantisches 86
Gegensatzpaar 147
Geheimschrift 76
Geheimzahl 45 f., 48
Gehirn-Benutzer 41 f.
gehirn-gerecht 11, 25, 76, 144
gehirn-gerechtes Lernen 70
Geige 102
GEMISCHTE ABC-Spiele 36 f.
Genial daneben 53 f.
Geografie-Spiel 92
Geschichte 88 f.
Geschichtsunterricht 126
Geschwindigkeit 72
Grammatik 59 f., 78
Grimmsche Märchen 78
Gruppen-Falt-Spiel 61

H
HAND-lungen 81
Handeln, aktives 76
Hauptwort/-wörter 27, 79
Hände 65
Herrscher 146 ff.
Herumprobieren 131
Hier und Jetzt 26
Hierarchisieren 130
Holzbläser 103
Hören, passiv/es 87 f., 91

I
Idee/n 29, 41
Imitation 62 ff., 104
   zeichnen 68
   musikalische 68
Imitations-Lernen 63
Imitations-Spiele 64, 65 ff.
   akustische 66 ff.
imitieren 66
Incident 50
Incidental 13, 14 f., 50

Info, geschichtliche 73
Info-Verarbeitung 40
Informationen 58
Infos 39
　festhalten 130
Inhalt 43
Inhaltsangaben 105 f.
inneres Archiv 36, 94
Instrumente 102
Intelligentes Lücken-Management 71 ff.
Intelligenz 39, 71, 72, 73
Interesse 130
Internet 17
Inventur 23, 93
Irak-Krieg 140

J
Ja-/Nein-Rätsel-Spiele 58
Japan 109 ff.
Jäger 129

K
KaGa 144
Kaiser 83
Kampfflugzeug 32
Kaninchen 9
Karikatur 65, 69
Katakomben des Unbewußten 94 f.
Kategorien-Denken 57, 102 f.
Kategorisieren 131
KaWa.s 12, 23, 24, 25, 33, 49, 85, 97, 107, 119, 120, 139, 143, 144, 145
KaWa-COUVERT 27
KaWa-Namens-Spiel 142 f.
Klangbild/er 25, 43
Klangmuster 67
Klarinette 103
Klavier 102
KNICK-Spiel 37 f.
Kobe 109 ff.
KOESTLER, Arthur 27, 29, 32

KOHN, Alfie 59
Koinzidenz 50
Kommunikations-Verhalten 64
Konfliktforschungs-ABC 141 f.
Konnektivität 39
konsolidieren 26
konstruieren 43
konsultieren 41
Kopfarbeiter 42
Kopie 70
Körperliches Lernen 99 ff.
KRASHEN, Steve 12, 49
kreativ 27, 30, 71
Kreativität 30, 72
Kreuzworträtsel-Effekt 23
Kryptogramme 73 ff.
Kundenakquise 128
Kuß, erster 35
Kügeli 11 f., 19, 22
Kügeli verteilen 121 ff., 124 ff.

L
LANGER, Ellen J. 24, 42
Langeweile 75 f.
langsam (ganz) 65, 99
Langzeit-Gedächtnis 26
Lebens-Spiele 34
Legastheniker 76
Legionäre 32
Lehrende 31
Lehrerin 126
Lehrkräfte 70, 75
Lern-Lust 25
lernbare Intelligenz© 72
Lernen 12, 14, 20, 61 f.
Lernende 31
Lernhilfe 57
LESE-Probleme 76 f.
Lichtkegel 34
Liste/n 15, 26, 37, 146
LULL'sche Leitern 29 ff., 146 ff.
Lücke/n 71, 143

Lücken-Management, intelligentes 71 ff.
Lückentext/e 53, 73, 78, 80, 116, 125 f.
Lückentext-Spiele 77 ff.

M
MADELAINE-Spiele 34 ff.
Maßnahmen, intelligente 25
MATLOCK 64
Meisterschaft 83 ff.
Mensch 39
mental 99 f.
Merkblätter 138 ff.
merken 20
Metapher 85
Methode 72
Mikro-Spiele 21
Mini-Quiz 10, 57
Mittelalter 40
Module 16
Moleküle 41
Monolog, innerer 33 f.
Musik, klassische 28, 30 f.
Mücke 143

N
Nachahmung 65
Nachteile 25
Name 55
Naturwissenschaften 89
Nervenbahn, neue 99
Netz, neuronales 39
Neues 72
Neugier/de 124, 130 f.
Neuro-Mechanismus 22, 29, 62, 121
Neuro-Verbindungen 25
Nicht-Lern Lern-Strategien© 16, 18, 72, 121, 124
Non-Learning Learning-Strategies 121

P
Paket/e (verschlossen) 24, 42 ff.
Panama-Kanal 74
Papagei 83
passiv/es Hören 87 f., 91
passives Lernen 85 ff
Pauken 24 f., 33, 41, 72, 106, 125
Persiflage 65, 69
Pflichtfächer 127
Physik 41
PICASSO 70
PISA-Studie 97
POIROT 64
POSTMAN, Neil 52, 54, 58
Praxis 132
Präriehunde 9
probieren 71
Probleme 27, 64, 67
Problemlöse-Verhalten 63 f.
Professor 127
Projektgruppen 131
PROUST, Marcel 34

R
Randomizer 80
Rätsel-Story 58
re-konstruieren 20, 43
real 99 f.
REAVIS, George 9
Rechenoperationen 45
Redewendungen 67
REICHEN, Dr. 76
Respekt 64
Rhythmen 68
Rollenspiele 131
Rose 95
Römer 74

S

Salzsäure 134 f.
Saxophon 103
Schatten-Technik 66
Schauspieler 91
Schlußfolgerungen 132
Schlüsselbegriff 23
Schreiben 22, 26, 43, 56
Schrift-Form 43
SCHULZ, J. H. 87
Shopping-Center 13, 49
Simulatoren 47
SMITH, Frank 12
SMITH, Paul 65
SOFORT-EINSTIEG 24
Spaltenspiel 60
Spiegel-Bild 65
Spiegel-Variante 66
Spiel 12 f., 20, 45, 49
Spiele, strategische 20
spielen 14, 61, 95
Spieltrieb 124
SPITZER, Manfred 59
Sport 46
Sprach-Gefühl 78, 90
Sprach-Spiele 59
Sprache 59, 63
Sprachenlernen 66, 91
Sprech-Spiele 66
Sprechen, freies 90
Sprichwörter 153 ff., 80 ff.
Stadt-Land-Fluß-Effekt© 22, 26, 94 ff., 143
Stadt-Land-Fluß-Spiele 29, 92 ff.
StarTrek 31
Staus 40
Stecknadel 27
Steine im Fluß 90, 98
Stories 58
Strategie 72
Streber 63
Streicher 102
Substantiv/e 60, 78 f., 82, 116

T

Tanzschritte 47 f.
Tätigkeiten 62
Tätigkeitswörter 79
Technik/en 15 f., 20
Teekessel-Spiel 53, 119
Texte vergleichen 104
Thema durchdenken 96 ff.
Theorie 132
Tiefe 98
Tiere 113
Tierschule 9
Tierwelt 55
TRAIN-OF-THOUGHT 33 f.
Training 84, 99 ff., 100
Trainingsdauer 101
Trompete 102

U

Unbewußt lernen 101
Unfähigkeit 24
Units, kurze 100
Unterricht 75
Urlaubswochen 95
üben, variabel 100
Übertreibung/en 67, 68

V

Vakuum, kognitives 24
variabel üben 100
Variation/en 69, 104
Ver-BIND-ungen (alte) 27, 36
Ver-FREMD-en 53, 73 ff.
Verantwortung 17
Verb/en 60, 78 f., 81
Verbindung/en (neue) 24, 29, 30
Vergleich/e 15, 22, 32 f.
Vergleichen 36, 62, 101, 104 f., 132
VERGLEICHS-Spiele 36, 101 ff.
Verhaltens-Aspekte 63
Verhaltensweisen 69

Stichwortverzeichnis 163

Verpackung 43
Vertrautes 73 ff.
VINCI, Leonardo da 29
Volkswirtschaftslehre 127
Vorbild/er 63, 64
Vorgehensweisen 34

W
Wahrnehmen, aktives 20
Wahrnehmung 62
Wandzeitungs-Beitrag 114 f.
Weiterbildungsseminar 128
Weltgeschichte 73
Wesen 69, 132
WESENt-liches 69
WESENtl-liche Wörter 82
Wissen 21, 71 f., 93 f., 96, 107
Wissen unbewußtes (11 km) 94

Wissens-ABC 33, 139 ff.
Wissens-Fäden 36, 41
Wissens-Gesellschaft 42
Wissens-Netz 41, 43 f., 107
WISSENs-Quiz-Spiel/e 108, 113, 114 f., 133
WISSENs-Spiele 106 ff.
Wort-Art 78
WORT-Bild/er 23, 97, 143 f.
WQS 58, 113, 108 ff.

Z
Zahlen, historische 32
Zeichnen 83, 98
Zeit 29
Zitate 36, 116, 119
Zitate-Spiel 53, 98
Zitate-Vergleichs-Spiel 116 ff.

GABAL

More success for you

email-kommunikation
144 Seiten
ISBN 3-89749-178-8

telefonpower
128 Seiten
ISBN 3-89749-175-3

telefonsales
128 Seiten
ISBN 3-89749-288-1

erfolgsrhetorik für frauen
128 Seiten
ISBN 3-89749-364-0

stimmtraining – ... und plötzlich hört dir jeder zu
128 Seiten
ISBN 3-89749-176-1

powerpräsentation mit powerpoint
320 Seiten
ISBN 3-89749-365-9

projektmanagement
128 Seiten
ISBN 3-89749-431-0

Zeitmanagement
128 Seiten
ISBN 3-89749-430-2

internet – quick & easy
128 Seiten
ISBN 3-89749-253-9

nutzen bieten –
kunden gewinnen
144 Seiten
ISBN 3-89749-254-7

sie bekommen nicht, was sie verdienen, sondern was sie verhandeln
128 Seiten
ISBN 3-89749-177-X

busiquette –
korrektes verhalten im job
128 Seiten
ISBN 3-89749-289-X

die 100%-bewerbung
160 Seiten
ISBN 3-89749-462-0

business with
the japanese
128 Seiten
ISBN 3-89749-461-2

www.gabal-verlag.de

➤ Internet Workshops

➤ Kontaktbörse

➤ Online-Shop mit
Büchern und Medien

➤ Newsletter

Informationen über weitere Titel unseres Verlagsprogrammes erhalten Sie
in Ihrer Buchhandlung, unter info@gabal-verlag.de oder im GABAL Shop

www.gabal-verlag.de

GABAL — Bücher für Management

Die M.O.T.O.R.-Strategie
280 Seiten, gebunden
ISBN 3-89749-441-8

Das verborgene Netzwerk der Macht
240 Seiten, gebunden
ISBN 3-89749-122-2

next practice - Erfolgreiches Management von Instabilität
224 Seiten, gebunden
ISBN 3-89749-439-6

Instant Marketing
366 Seiten, gebunden
ISBN 3-89749-350-0

Rasierte Stachelbeeren
264 Seiten, gebunden
ISBN 3-89749-080-3

Auf der Suche nach dem richtigen Mitarbeiter
168 Seiten, gebunden
ISBN 3-89749-442-6

Verkaufen. Aber wie? Bitte!
184 Seiten, gebunden
ISBN 3-89749-346-2

Arbeiten. Aber wie? Bitte!
178 Seiten, gebunden
ISBN 3-89749-458-2

Machen Sie doch, was Sie wollen
288 Seiten, gebunden
ISBN 3-89749-351-9

Unternehmens-Fitness
200 Seiten, gebunden
ISBN 3-89749-120-6

surpriservice
280 Seiten, gebunden
ISBN 3-89749-197-4

Metaphoring
220 Seiten, gebunden
ISBN 3-89749-232-6

Informationen über weitere Titel unseres Verlagsprogramms erhalten Sie in Ihrer Buchhandlung, unter info@gabal-verlag.de oder im GABAL Shop.

www.gabal-verlag.de

GABAL Business-Bücher für Erfolg und Karriere

Erfolgreiche Führungsgespräche
ca. 180 Seiten
ISBN 3-89749-464-7

Gestern Kollege – heute Vorgesetzter
176 Seiten
ISBN 3-89749-463-9

Nur Fledermäuse lassen sich hängen
176 Seiten
ISBN 3-89749-465-5

Intelligente Kopf-Spiele
136 Seiten
ISBN 3-89749-420-5

Intelligente Wissens-Spiele
128 Seiten
ISBN 3-89749-360-8

Organisationsaufstellung und systemisches Coaching
176 Seiten
ISBN 3-89749-292-X

Ärger, Angst und andere Turbulenzen
160 Seiten
ISBN 3-89749-435-3

Projekt-Moderation
128 Seiten
ISBN 3-89749-432-9

GABALs großer Methodenkoffer Kommunikation
296 Seiten
ISBN 3-89749-434-5

GABALs großer Methodenkoffer Arbeitsorganisation
ca. 300 Seiten
ISBN 3-89749-454-X

Die 18-Loch-Strategie
176 Seiten
ISBN 3-89749-362-4

Projekt-Marketing
224 Seiten
ISBN 3-89749-251-2

Informationen über weitere Titel unseres Verlagsprogrammes erhalten Sie in Ihrer Buchhandlung, unter info@gabal-verlag.de oder im GABAL Shop.

www.gabal-verlag.de

GABAL®
Netzwerk Lernen

Gesellschaft zur Förderung
Anwendungsorientierter
Betriebswirtschaft und
Aktiver
Lehrmethoden in Hochschule und Praxis e.V.

Was wir Ihnen bieten
- Kontakte zu Unternehmen, Multiplikatoren und Kollegen in Ihrer Region und im GABAL-Netzwerk
- Aktive Mitarbeit an Projekten und Arbeitskreisen
- Mitgliederzeitschrift *impulse*
- Freiabo der Zeitschrift wirtschaft & weiterbildung
- Jährlicher Buchgutschein
- Teilnahme an Veranstaltungen der GABAL und deren Kooperationspartner zu Mitgliederkonditionen

Unsere Ziele
Wir vermitteln **Methoden und Werkzeuge**, um mit Veränderungen kompetent Schritt halten zu können und dabei unternehmerische und persönliche Erfolge zu erzielen. Wir informieren über den aktuellen Stand **anwendungsorientierter Betriebswirtschaft**, fortschrittlichen Managements und menschen- und werteorientierten Führungsverhaltens. Wir gewähren jungen Menschen in Schule, Hochschule und beruflichen Startpositionen **Lebenserfolgshilfen**.

Klicken Sie sich in unser Netzwerk ein!

mailen Sie uns:
info@gabal.de
oder rufen Sie uns an:
06132 / 50 95 90
Besuchen Sie uns im Internet:

www.gabal.de